什么是思想史

陈正国
——著——

Simplified Chinese Copyright © 2024 by SDX Joint Publishing Company.
All Rights Reserved.
本作品简体中文版权由生活·读书·新知三联书店所有。
未经许可，不得翻印。

图书在版编目（CIP）数据

什么是思想史/陈正国著. —北京：生活·读书
·新知三联书店，2024.6
（乐道文库）
ISBN 978-7-108-07667-0

Ⅰ.①什... Ⅱ.①陈... Ⅲ.①思想史-世界 Ⅳ.
①B1

中国国家版本馆 CIP 数据核字（2024）第 092172 号

责任编辑	王婧娅
特约编辑	周　颖
封面设计	崔欣晔
责任印制	洪江龙
出版发行	生活·讀書·新知 三联书店
	（北京市东城区美术馆东街 22 号）
邮　编	100010
印　刷	上海雅昌艺术印刷有限公司
版　次	2024 年 6 月第 1 版
	2024 年 6 月第 1 次印刷
开　本	889 毫米×1092 毫米　1/32　印张　6.5
字　数	152 千字
定　价	58.00 元

目　录

前言 · 001

一　"思想史"——从词到义 · 001

二　思想史的学术意涵 · 009

三　思想史必须先是一种历史——西方现代史学滥觞 · 019

四　西方的旧思想史：文化史与精神史 · 029

五　英语世界的"思想史"发展 · 039
　　观念史作为一种思想史 · 044
　　智识史作为一种思想史 · 058

六　史料、时代与思想史——从斯金纳思想史讲起 · 077

七　斯金纳思想史的优点与局限 · 099

八　思想史的研究对象 · 117

九　写作中的思想史 · 137

十　当前思想史的发展-跨境思想史研究 · 153

十一　从跨境思想史到比较思想史 · 165

十二　结语 · 187

前　言

曾经看过一则有着知识人类学兴味的笑话，大致如下：

　　如果你要一个法国人去研究骆驼，他会选择在某个周日下午带把伞出门，先到一座咖啡馆坐下，点杯咖啡，读点报纸。等到稍晚时分，怡然信步到附近的动物园，走近骆驼，用伞尖戳一下这生物，略事观察。然后转身回家，花半小时写就一篇隽永慧黠的论文小品。如果你要一位英国人研究骆驼，他会花两年时间，周详地准备帐篷、手电筒、望远镜、锅碗瓢盆等各式露营装备，然后开拔到撒哈拉沙漠驻扎两年，仔细观察骆驼的作息。返国后，他会交给你厚厚两大叠充满各种事实，却毫无组织可言的观察报告。如果有个德国人要研究骆驼，他会直接走进房间，关上门栓并开始思考。当他在半年后重启书房大门时，会交出一套六大册的巨著，标题为《骆驼精神现象之形上学研究》。

近百年来，欧美历史学界研究人类非物质文化——如信念、价值、逻辑、观念等等——以及这些非物质因素对重大历史事件的影响时,也有法、英、德三种语言各自擅场的书写形态,分别是法国的 l'histoire des mentalité(心态史)、英美的 history of ideas(观念史)与 intellectual history(知识史或思想史),以及德国的 Begriefsgeschichte(概念史)。中文学界近一百年所实践的"思想史"研究与写作,固然有中国史自身的长远传统,但其吸收外来学术观念与纪律的部分,则明显接近英美的观念史与知识史,此为本书之所以侧重英美"思想史"轮廓之描述的主因。

本书不敢侈言考镜英美思想史源流,只盼能得其学术演化梗概,将关键历史资讯带到读者面前。书中平议只是初步的观察,不能成家。陈寅恪常以"稿"字冠其书名,此中寓意,曾经吸引许多陈学专家猜解。本书从各方面而言,都只符合一个"稿"字,而且是稿字最朴素的意思——希望日后有更多学术新兵投入此一领域,发现其中谬误,增进我们的知识与判断。

感谢丛书主编罗志田先生以及笔者研究生阶段的导师王汎森先生两位中国思想史大家的青睐,将他们最为熟稔的主题嘱咐予笔者。希望在惶恐中完成的书稿,未至全然辜负了他们的期待。三十年前因故未能完成王汎森先生指导下的学位论文,当初鼓"愚"勇承应罗、王两先生的嘱咐,心情上其实是将此写作视为迟交了三十年的学位论文。

初稿完成后,学术前辈与朋友沙培德(Peter Zarrow)、邢义田、陈禹仲、陈建元、渡边浩、傅扬等先生对内容提供了许多颇具建设性的建议以及批评。虽然笔者已尽可能回应与改善,但结果一定无法完美,也很难尽如人意。一切疏陋缺陷所引起的羞愧只会因为上述所有朋友的盛情而加重,而非减轻。张存一先生不只细心校对,更提出许多有用的建议,对此笔者一并致谢。唯书中所有舛误与简陋,是笔者个人完全的责任。

本书酝酿多时,但第一字落笔于2021年初秋客居北美普林斯顿之际,初稿成于2022年初夏普镇。该大学的学术资源对本书撰写助益之大毋庸细说,感谢普大东亚系接受我成为傅尔布莱特访问学者。本书完稿成于2023年初春。南港"中央研究院"各图书馆的丰富藏书与馆员的协助,是本书顺利完成的重要助力。

2021年9月初到普大访问时,已是"后余英时"时代;短短两年,思想史学界又相继失去林毓生、张灏等重要学者。中国思想史风景里似乎袭来一阵卷残秋风。笔者与余、林、张等先生均只有浅薄到不足言道的文字因缘,但他们的著作无疑早已成为笔者与其他许多读者认识思想史的重要路径。谨以此书纪念这三位影响超过两个世代的思想史家。

纪念,是因为有完全的理由期待在下一个世代里遇见春暖花开。谨以此书献给未来的思想史家。

2022年7月20日。初稿。普林斯顿
2023年3月1日。完稿。南港

一

"思想史"
——从词到义

顾名思义,"思想史"是研究思想的历史。但什么是思想?何种思想应该、值得成为历史研究对象,则受各国史学发展的影响而有不同的答案。思想史在不同的学术传统中会呈现出不同的色彩,会有各自的方法学上的偏重,叩问不同的历史课题。例如"中国思想史上的转型"是此间史家的重要课题,而在西欧,学者更常追问的课题是重大政治事件如法国大革命、英格兰内战、北美独立运动的意识形态基础或思想渊源。职此之故,无论是作为一种概念还是一种写作类型,思想史都有其自身的历史,所有对思想史的定义都是开放性而非终极或确定的。

今日"思想"一词,大抵指涉心灵与心智活动的过程与产物。这一词语出现的时间其实相当晚,用以代表一种特定学术类型的时间则更晚出。"思想"应该是晚清作家们借自日本汉字的新铸词;古人在谈论心智活动时,多半会(单)用"思""悟""会""知"等字来表示。① 1900 年之

---

① 比较特别的是佛教文献中常出现"想",指人的心智活动。所谓"五蕴",其中之一是为"想"(与色、受、行、识并列)。不过相对于真谛,(转下页)

前中文文献中的"思想"一词，几乎都是"思"或"想"的叠词，意思相当于现代白话文"思念""想念"。晚清以后，"思想"才开始被用来指涉理性活动本身，或指涉人类利用理性思维所创造出来的事物，诸如抽象的观念、价值、态度、评价，以及与这些观念和价值相关的具体作品，等等。换言之，在晚清以前，"思想"指涉感性的活动，此后才成为具反思性的心智活动及其产物。1940年代，钱穆写道："西方学者每言经济决定思想。若此而论，则中国今日所流行之代表思想，亦即一种次殖民地之思想也。"① 钱穆在此处显然是以"思想"一词来统括所有关于价值、观念、语言、文本、创造等等心智活动的产物了。

"思想""主义""民主"这一类的新铸词、新观念在加入中文词汇世界之后，经常还保有相当的涵括性、弹性、不稳定性——以至于人们在使用的时候，如水之流泻，难免涣漫。近年动物权崛起，有些学者会提出"动物是否有思想"这样的原则性或哲学问题，这里的思想显然包括思考、理性的意思，甚至指涉所有的心智与心理活动。② 但另

（接上页）凡人的"想"常纠缠着妄，并不是特别正面的活动。如果日本的"思想"是从汉字佛教经典传入，那么从日本反传至中国的"思想史"反倒是个有趣的反讽，因为从佛教文化来说，人的思想是要时刻被扬弃、否定的东西，无须，也不应该被记录下来。佛教要众人明白的道理，最多只表现在经说，不在历史。

① 钱穆，《政学私言》（台北：联经出版事业公司，1998），页164。
② 中文世界常见的"动物有无思想？"其实是不精确、容易误导人的句法。动物不只有知觉，能表达情绪与情感，动物也会思考，有些动物甚至会做出符合理性的判断。但如果我们承认，所谓思想是特指文字文化的产物，没有文字的动物就不可能有思想。从这个角度讲，思想史的研究对象不是思考主体而是人类文化，是研究文化现象的一种特定方法。（转下页）

一方面,"思想"又常常被拿来标示一种特定学术研究取径、研究方式或写作类型。例如许多学者会使用"文学思想""哲学思想"等词语,好像文学思想有别于文学、哲学思想有别于哲学一般。这些现象其实不能怪大众与学者在使用"思想"一词时过于轻率,而是我们现代中文的语言与学术经验还相对年轻,我们还在摸索、试验现代中文如何精准表达快速膨胀的现代学术。

梁启超或许是最早使用"思想"一词的著名作家。他的《论中国学术思想变迁之大势》(1902)将"学术"与"思想"连用,既预示了日后思想一词的泛滥,同时开启了中国现代思想史研究的大门。许多当代杰出的中文思想史家如余英时与葛兆光等人都认为思想史的研究对象应该尽量广取,不应限制在菁英知识分子身上。本书将会对此议题提供浅见,在此我们仅须注意,史家之所以希望扩大思想史研究范围,固然有严肃的学术理由,但现代中文学术用语中,思想(史)一词具有语意的延展性、概括性也是重要原因。

古代中文没有"思想"一词,不表示古人未曾研究"人类心灵与心智活动的过程、结果与影响"。即便从现代思想史的角度看,《庄子·天下篇》与《史记·太史公论六家要指》描述前代学术或思维成果的状况与利弊得失,完全可以视为精彩的学术思想史作品。《天下篇》与《论

(接上页)Clive D. L. Wynne, *Do Animals Think?* (Princeton: Princeton University Press, 2004).

六家要指》在体例与书写风格上和今日学院实践迥异，固毋庸赘言，尤其是《庄子》的作者感慨"道术为天下裂"、司马迁追求"通古今之变"，都透露出古代伟大作家行文思考带有形上意义、整体史的关怀，与今日高度分工与强调实证的现代史学大相径庭。但无论如何，把《天下篇》与《论六家要指》视为人类早期的思想史著作，应该没什么疑义。甚至《史记》之《屈原贾生传》、《汉书》之《董仲舒传》与现代思想传记相比，虽其思想描述的浓稠度明显不足，但两者的写法之间有许多可比较之处。

从先秦《天下篇》、汉代《论六家要指》，到正史中的《儒林传》《艺文志》，再到清初《明儒学案》《宋元学案》，都说明了"学术史"本来就是中国的重要书写传统。只是梁启超将"思想"与"学术"两词并举，其真正目的并不容易揣度；或许任公是有感于传统学术"史"的书写过度强调生平、书目、版本、校勘，以及师承、交往、学派，对于观念的分析、辩证的过程、理据预设的说明与铺陈，亦即有关"思考的故事与其现实目的"较少交代，亦未可知。几乎与《论中国学术思想变迁之大势》发表同时，陈怀在《新世界学报》发表的《学术思想史之评论》同样将"学术"与"思想"连用。陈怀说"学术之辨，史氏之大宗"，指的就是中国的学术史传统。他又说，人面对万事万物，自然会"结而为思想，发而为学术"，这就是既强调思考的成果，也强调其中的过程。① 或许可以这么说，中国近代"思想史"的发轫是以特殊的"学术思想史"这一文类或概念进入读者视野的。质之《论六家要指》《艺文志》，甚至后来的《宋元学案》《明儒学案》，清代注重家法与师承的朴学等传统，此一特殊现象并不特别令人讶异。但正如本书以下所要交代，此一特色固然造成中文世界有相对丰富的学术史材料，却遮掩了其他思想史次类如政治思想史、经济思想史、科技思想史等领域的重要性。

---

① 陈怀直言："学术之辨，史氏之大宗。"又说，人面对万事万物，"结而为思想，发而为学术"。陈怀，《学术思想史之评论》，《新世界学报》（1902年，九期），页 43—44。感谢王汎森先生告知陈怀文章。

二

思想史的学术意涵

尽管中国传统历史载记中有精彩的思想史内容，但今日我们谈论思想史的时候，完全是从现代历史学学科的背景来理解的。这意思是说，思想史是历史学大家族的一支，她与其他分支共享了历史学的基本信念——求真。但对于什么是重要的历史事实，如何求真，如何解释重要的历史事件与现象，不同分科则有不同的定见。往坏处说，不同分科会形成陌路甚至党同伐异的现象；往好处想，不同的分科分别呈现了庐山——历史——的不同面貌与面向，历史也因此才真正成为立体图像。

既然思想史是现代历史学发展中的一支分流，中国思想史也必然会随着现代历史学的建构与发展而与世界历史学发生极为复杂的互动，包括挑战、回应、模仿、拒斥、自我本质化、他者化、伪造、创造性转换化等等各种做法。一百年前在争论全盘西化或部分西化的时候，胡适曾说，在态度上中国需要拥抱全盘西化，但无须担心中国会成为西方，因为所有的外来文化因子一定会受到传统文化的抵抗、限制、融合，所以所谓全盘西化其实不会出现。胡适当然非常向往西方民主制度、物质发展与科学态度，但他在什么意义上是全盘西化论者，不是本书所能论断。胡适显然有个朴素的见解，认为矫枉就是要过正才能得其中，因为固有文化或传统都会有惰性，会中和或减缓新加入因子的效力。但胡适没讲清楚的是：一个偌大社会中不同部门与人员"竭力"吸收外来文化之时，一定会受到现实环境的影响而自主或不自主地考虑如何使用、修正、选择外来因子。个别行动者所认知或接触的外来因子既不可能相同，其使用、改造的方式、程度也不会同步。换言之，在空间与时间错落不齐的环境中，外来文化因子一定会随着总体经验的累积而缓慢演化成在地社会所能接受的融合模态。用德国哲学家伽达默尔（Hans-Georg Gadamer，1900—2002）的话来说就是，新世界观的理解与掌握，一定受旧世界观的限制与影响，两者一定会产生新的视域融合，不再是旧，也非全盘的新。用实证主义的话来说就是，我们必须相信每个人对于新观念、新事物的引进都会以自己的方式进行尝试与修正，在一定的时间之后，我们才能看到整体的变化与新面貌。佛教传入中国成为"中国的佛教"，就是很具体而明显的例子（其实所有外来文化经过中文化就必然会形成在地化特色，尽管未必是人们心中理想的新样态）。可惜的是，青年胡适所处的中国在许许多多层面上都有激烈化的倾向，连温和的、倡议"改良"而非革命的胡适也难免掉入激情的文字游戏（障），欲以"全盘西化"而不是单纯的"西化"来宣扬自己的现代化态度。话虽如此，中国近代思想史的在地演化与胡适对于新旧文化融合的想象应该是若合符节的。思想史作为一门学院专业，当然是从西方现代史学发展而来，但从一开始，其实践就与传统学术发生了正面的化学变化，其结果既开创出新的学术类型，又展现中国特色或在地特质。中国思想史的历史，绝对值得有识者投入研究，但本书无法对此做出任何详细的论述。相反地，此处讨论重点完全偏重在西方，尤其是英语世界的发展。

西欧在过去一百年，曾出现多种名称用来指涉关于观念、价值与世界态度的历史研究，包括英语的 history of thought、history of ideas、intellectual history、the conceptual history，德文的 Geistgeschichite、Begriffsgeschichte、Ideesgeschichite，法文的 l'histoire des idees、l'histoire intellectuelle，意大利文的 stori filosoph、stori della idee，等等。[①] 法国历史学者侯杰·夏蒂埃（Roger Chartier，1945 年生）说，如何叩问思想史（intellectual history）是世上最困难的事，其中最主要的理由是相关专业术语在各国之中多有不同，彼此难以调适移译。[②] 中文世界读者对夏蒂埃的感慨应该

[①] 其中，Geistgeschichite 多半被译为"概念史"（英文为 conceptual history），强调概念的转化与社会变迁之间的关系。读者可参考"乐道文库"中方维规先生所著《什么是概念史》（北京：生活·读书·新知三联书店，2020）。另外可以参考 Jan-Werner Müller, "On Conceptual History," in Darrin McMahon and Samuel Moyn (eds.), *Rethinking Modern European Intellectual History* (Oxford: Oxford University Press, 2014), pp. 74-93。
[②] Roger Chartier, "Intellectual History and the History of *Mentalités*," in Roger Chartier, trans. by Lydia G. Cochrane, *Cultural History Between Practices and Representations* (Cambridge: Polity Press, 1988), p. 19.

很有共鸣，因为中文学界在使用"思想史"一词时，有可能代表上述任何一种学术或书写类型。中文世界使用"思想史"一词所表现出的宽泛倾向，比较接近英文的 history of thought（法文 histoire de la pensèe，德文 Geschichte des Denkens）。在英语世界，history of thought 是 history of ideas 以及 intellectual history 出现之前常见的选择。例如著名史家 Leslie Stephen（1832—1904）在 19 世纪晚期出版了两册的 *History of the English Thought in the Eighteenth Century*（1881）。History of thought 这类书名在近期的英、法、德文出版界依旧时有所闻，内容比较像是"研究人类创造性思考及其产物"的一种统称，尤其是当该作品同时包括形上学、学术发展、科学理论、政治原则、美学、社会学等等内容的时候更是如此。或许可以这么说，History of thought 相当现今中文学界对于"思想史"的广义用法。

思考或思想（thought）除了总括各种主题的心智活动与成果之外，也常用来表达某单一学科或主题的心智层面的探索与成果。最常见的名称有政治思想史（history of political thought）与经济思想史（history of economic thought）。在学院分科中，它们是政治学与经济学的次学科。尔来有环境思想史（history of ecological thought，l'histoire de la pensée écologique）的倡议，自然是拜近几十年环境史蓬勃发展结果之所赐。[①] 自从 1960 年代迪维二世

---

① 主要探讨人类如何思考人与自然的关系。在欧洲，学界认为这是 19 世纪开始的思潮。参见 Dominique Bourg & Augustin Fragnière, *La* （转下页）

(Edward Smith Deevey, Jr., 1914—1988) 创造"历史环境学"（Historical Ecology）概念以来，环境史就稳定发展，吸引学者投入相关研究。经过三四十年的耕耘，学者也注意到人与环境、自然的互动，反映了人的观念与价值。②中文世界除了起步最早的学术思想史写作，也陆续有"军事思想史""文学思想史"③"制度思想史"④与"地理思想史"⑤等研究类型的加入与提议。从理想上讲，这类科别

（接上页）*pensée écologique: une Anthologie* (Paris: Presses Universitaires de France, 2014)。

② 有关环境史，可参考"乐道文库"刘翠溶教授的《什么是环境史》（北京：生活·读书·新知三联书店，2021）。史学家很早就注意到历史上人与环境、自然、动物的关系迭有变化，并且与社会变迁有关。例如基思·托马斯（Keith Thomas，1933年生）十多年前就写过《人类与自然世界》一书。只是截至目前，这类的著作比较像是心态史与文化史的写作，而不是思想史。所谓思想史，至少不只是要描述态度的变化，还需要概念化这些态度的变化，以及解释态度变化的（思想）内部原因。尽管如此，托马斯此书仍不失为一本杰作。Keith Thomas, *Man and the Natural World: Changing Attitudes in England 1500 – 1800* (Oxford: Oxford University Press, 1983). 此外，思想史中的动物或生物、人类如何思考自然秩序以及与其他物种关系的议题也行之有年，可参考：Peter Harrison, "The Virtues of Animals in Seventeenth-Century Thought," *Journal of the History of Ideas*, 59: 3 (1998), pp. 363 – 484; Hans Werner Ingensiep, "Tierseele und tierthische Atgumentationen in der deutchen philosophischen Literatur des 18. Jahrhunderts," *NTM Zeitschrift für Geschichte der Wissenschaften, Technik und Medizin*, 4(1996), pp. 103 – 118。受到近年所谓"动物转向"的潮流影响，此类思想史书写有增加的趋势。哲学史家Arron Garret等人不只出版研究成果，更编辑了七册的《18世纪的动物权利与灵魂》（*Animal Right and Souls in the Eighteenth Century*）。

③ 张峰屹，《西汉文学思想史》（天津：南开大学出版社，2001）；罗宗强，《明代文学思想史》（北京：中华书局，2019）。

④ 雷戈，《秦汉之际的政治思想与皇权主义》（上海：上海古籍出版社，2011）以及许超杰，《制度思想史：中国政治思想史的另一种写法》，《史学月刊》，4（2015）。

⑤ 唐晓峰，《从混沌到秩序：中国上古地理思想史述论》（北京：中华书局，2010）；李零，《地理也有思想史——读唐晓峰〈从混沌到秩序〉》，《中国经济论坛》，（2010），4：1。讨论地理知识建立背后的理念、价值与世界观在西方的情形可参考 David Livingstone, *The Geographical* （转下页）

或主题式的思想研究，目的是在补充原有科别或主题的不足，尤其是涉及"价值"或"意识形态"的研究。表面上看，某一学科越宣称具有自然科学般的客观性，就越会对其学科的思想史抱持可有可无的态度。对物理学家或逻辑哲学家来讲，"物理思想史"或"逻辑思想史"这些概念是自相矛盾的名词。物理学本身就是人类思考物理世界的充足内容；物理学之外，再无思想。尽管现代科学哲学开始反省，认为物理学者的主观想望会影响他们的研究结果，但这样的意见短期内很难成为物理学者进行实验或研究时的反思性前提。现代经济学普遍预设"实证经济学"与"规范经济学"两种经济认知类型，"规范"涉及价值或"应然"的取舍，而"实证"则是要建立足以解释"实然"的模型与科学。行政部门、政治领导人会考量施政后果而做出规范，例如给特定产业优惠、为特定族群免税，但是硬核的经济学只考虑经济现象（包括政府政策因素）的实然。

相对于宣称科学性质浓厚的学科，有些学科本身就是沿着价值的叙述、情思的表露而发展，其学科的思想史就占据相当核心的地位，例如文学。相对号称不需要思想史的物理学，一部文学史若没有思想或观念分析，那是完全无法想象的事。依此而言，环境事关人类的生存、健康、

（接上页）*Tradition: Episodes in the History of Contested Enterprises* (Oxford: Blackwell Publishing, 1993)，虽然本书不以"geographical thought"为名，但内容关涉"思想"者甚多。究其实，一旦讨论一门学科的发展史与方法论问题，就必然带有浓厚的思想史成分——无论这方法论是偏向科学与技术，还是宇宙论。

幸福、经济、发展甚至国家强盛等等价值，环境思想史必然会逐渐为人所重视，大概是预料之中。① 中国制度思想史的出现让研究者得以重新体会、揣想古代设定各种制度在人心中的价值、目的或理想，这类似于钱穆在谈中国政治制度时喜欢讲的制度背后的"精神"（类似民族或集体智慧。钱穆喜欢引孟子的"所过者化，所存者神"，这个"神"应该就是他讲的历史精神）。从这个例子我们可以发现，思想史研究有个作用，就是透过追问我们习见的历史解释背后更深远或深刻的动机、目的、价值取向，而得到单从制度或现象表面得不到的历史理解或感悟。当然，很多历史上的行为，无论是个人的还是集体的，都未能留下行为者的自述。所以欲理解其动机与目的，常苦无直接证据而需要运用间接证据以及字里行间的讯息、解码等来铺陈，有时难免会有故作解人、过度诠释的问题。甚至有时候会假设历史本身自有一种理性，不然一种制度不会存在三五百年，甚至上千年。只是这种制度或历史的理性，常常是作者将自己摆在后观者，或俯视者的视角所建构出来的历史想象与解释，例如黑格尔（G. W. F. Hegel, 1770—1830）会说近代欧洲的历史精神就是自由。

相对于代表泛称与专科次领域的"思想史"，目前学界

---

① 例如传统启蒙运动研究已从政治思想研究扩展至科学史，如今又延伸到环境思想。参考 Fredrik Albritton Jonsson, *Enlightenment's Frontier: the Scottish Highlands and the Origins of Environmentalism* (New Haven: Yale University Press, 2013)。著名经济史家 Chakrabarty 也开始关注环境史与环境思想史的课题。参见 Dipesh Chakrabarty, "The Climate of History: Four Theories," *Critical Inquiry*, 35: 2 (2009), pp. 199-222。

讨论最多的思想史课题,是相对应英语的 history of ideas 以及 intellectual history。这两种文类是自足的或自成规矩、规范的思想史,而不是其他学科(如政治史或经济史)的次领域。自有规范的思想史是与政治史、经济史、社会史、海洋史、科学史、医疗史、制度史、宗教史、环境史、军事史、文化史、艺术史这样的史学次领域并列的学术科别。① 这意思是说,人们相信人类的价值、意识形态、信仰、情感、道德原则等等关乎心灵与心智活动的现象与成果的本身,值得仔细追问与研究,值得用特别的研究方式与书写方式来呈现;研究历史上重要的心灵与心智活动,以及这些活动的结果和影响,与研究重要的战争、宗教、经济、政治制度同等重要。如果我们说,人之所以为人,正在于人会依据价值系统、意识形态、道德原则之不同而建立不同的社会与群体,那么研究这些价值、意识形态、信仰、情感、道德原则就成为研究人类与人类社会的第一要务。极端一点说,所有的历史都是人类有意识的行动之后的结果。② 思想史就是研究这些意识的内容,以及它们为何出现在特定的时空,它们与其他历史力量如何互动、影响。

---

① 随着史学的专业化,史学次领域的名单很可能持续增长——例如这几年流行一时的阅读史、知识史、出版史、妇女史、性别史、全球史等等。一方史学次领域的建立,常常是看主流大学是否普遍见到相关的课程。
② 如果人类真如弗洛伊德(Sigmund Freud, 1856—1939)所说,其行为或艺术创作都严重地或单纯地受到潜意识作用支配,思想史就没有存在的可能与必要。不过,所谓人类意识,可能需要做更精确的划分。例如一般人对领袖的集体效忠,对某种信仰的虔诚接受,对民族主义等等集体价值的附从,与小说家、诗人、评论家、哲学家对某种价值的倡议之间,其反思程度与思考意义都不可同日而语。这就涉及后面所要讨论的思想史与心态史是否应该视为不同文类与方法的问题。

三

思想史必须先是一种历史
——西方现代史学滥觞

不只古代中国有"思想史"著作，欧洲自古也不乏对历史人物如何思考、信奉何种价值，或依据何种意识形态而行动等等"思想"课题的研究。但相较于中国"学术思想"书写之源远流长，欧洲的学术史或思想史的出现却相当晚——或许要到18世纪才比较明显。在此之前，欧洲传统普遍以哲学思考见长，擅长推理、诘辩、分析、创造概念来描摹世界、解释世界。换言之，他们倾向以哲学或神学解释人类生活与自然界或宇宙的关系。希腊与中世纪基督教文明都不重视历史变迁，[①] 既然史学不发达，思想史自然更加黯淡。直到18世纪欧洲人开始注重历史书写，有关古人的思考、价值观、态度、意见等等历史事实才开始被知识界大量转述。[②] 不过即使是在18世纪，启蒙哲士、文人、

---

① 希腊"史学之父"（西赛罗语）希罗多德（Herodotus，前484—前425）的著作《历史》（*Histories*，'Ιστορίαι）主要是以叙述为主，谈论他所听闻眼见的政治、军事事件。Herodotus, trans. by Robin Waterfield, edited with an introduction and notes by Carolyn Dewald, *The Histories* (Oxford: Oxford University Press, 2008).
② Karen O'Brien, *Narratives of Enlightenment: Cosmopolitan History from Voltaire to Gibbon*(Cambridge: Cambridge University Press, 1997).（转下页）

作家们在处理古人思想时,他们真正措意的其实是如何借由古人或前人的意见,凸显自己的主张与态度,并非真的想要系统性地还原、保存或解释古人的思想。简言之,18世纪作家习惯以古人的文字来浇自己心中的块垒,而不是为历史而历史。伏尔泰(Voltaire,1694—1778)是18世纪初期欧洲最具影响力的作家与"史家",他写的《路易十四时代》(Le Siècle de Louis XIV,1751)被认为是近代史学的早期标杆,甚至是(旧)文化史的滥觞。但其实伏尔泰拣选与褒贬历史人物及其思想,背后目的多半是阐扬自己的理念,诸如容忍、言论自由、有效的中央政府、物质的进步等等。伏尔泰曾经提出一句有名的"猜想":"究竟历史是否只是后人在死人身上所玩出来一串把戏?"(Ce n'est après tout qu'un ramas de tracasseries qu'on fait aux morts...)虽然现代历史学尽量追求客观,但真正能做到不偏不倚、绝无成见者,恐怕绝无仅有。只是现代历史学者肯定会抗拒伏尔泰式的"死人把戏",视之为对史学的亵渎。现代历史学家之所以能做到不欺古人,真正的关键不是他们掌握了科学的方法,而是他们极有意识地将自己的态度与价值放在历史人物的思想与态度之后。史家对万事万物难免有自己的态度或偏见,但学院训练让历史研究者竭尽所能地设想历史人物在想什么、为什么这样想,至于自己的态度

(接上页)Roy Porter, *Gibbon Making History* (London: Palgrave, 1989). Nicholas Phillipson, *David Hume as Historian* (London: Weidenfeld and Nicolson, 1989).

与价值是否应该显露在研究中,则为其次。而且,万一史学工作者要表达自己的价值判断,他也必须让读者完全清楚历史客观存在与作者主观判断的区别所在。这不是说伏尔泰的《路易十四时代》或哲学家休谟(David Hume,1711—1776)的《英格兰史》(*The History of England*,1754—1761)一无是处,[①] 恰恰相反,这些作品反映了当时史学写作的高峰以及精彩的知识成就,只是现代学院史学的滥觞不在英、法,而在德国。至于现代思想史这一次学科,则是现代史学发轫之后,经过几次路转峰回才逐渐开展的结果。

人们谈论现代史学多会从德国柏林大学的兰克(Leopold von Ranke,1795—1886)开始说起,除了因为柏林大学有相对较早的历史学讲座教授席位,主要原因是他以档案材料作为历史研究的骨架与血肉,尤其是他创立讨论班(seminars)来批判性阅读史料,是使得历史学获得学科身份的重要举措。[②] 兰克说,历史研究就是要知道"过去实质上发生了什么事"(What was essentially happened? Was es eigentlich gewesen?),而不是要臆测事实背后的"历史精神"或本质。[③] 对比日后历史学的发展,兰克这句名言

[①] Nicholas Phillipson, *Hume: Philosopher as a Historian* (1989; New Haven: Yale University Press, 2012).

[②] Kasper Risbjerg Eskildsen, "Leopold Ranke's Archival Turn: Location and Evidence in Modern Historiography," *Modern Intellectual History*, 5:3 (2008), pp. 325 - 453. G. G. Iggers & J. M. Powell (eds), *Leopold von Ranke and the Shaping of the Historical Discipline* (Syracuse, 1990); Braw, J. D., "Vision as Revision: Ranke and the Beginning of Modern History," *History and Theory*, 46:4(2007), pp. 45 - 60.

[③] 19世纪以来许多史家如 J. B. Bury(1861—1927)、Lord Acton(1834—1902)以及傅斯年等人将兰克或兰克学派理解成相对狭隘的科学(转下页)

显然将历史研究的旨趣讲得稍嫌狭隘。其实兰克当时发此议论的目标非常明显，是要对当时哲学界流行的历史整体观提出批判。虽然兰克没有具名，但明眼人不难看出，兰克心中的批评对象是当时德国哲学界的祭酒——黑格尔。黑格尔认为，历史只有一个，就是全体人类的历史，研究历史或了解历史的重点在于对历史有整体性的掌握，如此才能发现历史的规律与目的；唯有如此，研究历史才有意义。① 黑格尔相信历史依循着正反合原理，也就是规律，以螺旋状方式向上进展，而其发展的内涵就是自由（精神）的开展。兰克对历史哲学很有意见，因此竭力呼吁历史学

（接上页）主义或经验主义者。Acton 等人将 eigentlich 翻译成 really 或 actually，强调"事实"。20 世纪晚期，伊格尔斯（G. G. Iggers, 1926—2017）等人则提醒 eigentlich 不只是事实而已，还有追寻事实背后历史意义的深意（见页 21 注①）。比较持平的说法可能是，兰克反对黑格尔历史哲学的主因有二：其一，黑格尔强调可以整体式地掌握人类普遍历史的发展，甚至规律，而兰克只追求国族的精神发展；其二，黑格尔的方法是将历史或现象对象化成客体，哲学家以"超越客观"的、第三者的角度来整体性地把握历史精神，兰克认为应该以批判过的文献作为基础来掌握国族发展的独特意义或精神。我们此处之所以强调兰克的经验主义，是要说明历史学科建立之初与哲学之间的自我距离，以及此一学科的最根本特质，却不必然否认兰克的国族主义情感以及追求国族历史精神的愿景。

① 讲个题外话。汤恩比（Arnold Toynbee, 1889—1975）的《历史研究》应该就是想以半实证、半哲学的手法完成黑格尔的全史写作（total history）。汤恩比将中国纳入他当时的世界史图像中，在当时是个反黑格尔的创举。但以今日史学研究标准而论，《历史研究》已经是极为特殊的体例了。汤恩比半实证、半哲学的全史写作受到德国学界以语言考据学为方法、以全史为目标的精神史学学者的青睐，并不令人讶异。罗曼学（Romance studies，有时又称 Romance philology）学者，同时也是德国精神史（Geistesgeschichte）代表人物之一的库尔提乌斯（Ernst Robert Curtius, 1886—1956）就盛赞汤恩比的《历史研究》，允为黑格尔、兰克、布克哈特（Jacob Burckhardt, 1818—1898）、特洛尔奇（Ernst Troeltsch, 1865—1923）的学术传人。Arthur R. Evans, Jr., "Ernst Robert Curtius," in Arthur R. Evans, Jr (ed.), *On Four Modern Humanists* (Princeton: Princeton University Press, 1970), p. 122.

家必须很自觉地与哲学家划清界限，只专注于处理事实，专注于特殊国家的特殊事件。

兰克那句经典——"过去实质上发生了什么事"——同时成为日后史学工作者的信条与梦魇。但无论如何，现代思想史之所以有突出的表现与成果，原因之一是思想史家首重探讨"过去的人们究竟真正说了什么"以及"过去的人们究竟真正在想什么"。思想史家如此宣称当然会立即遭遇两重严肃的难题。第一，我们真能完全抛弃现代的概念、价值、语言去重现过去吗？以"专制"概念来表示汉代或明清皇权是否恰当？如果不恰当，那是因为我们今日在使用"专制"一词时，已经受到孟德斯鸠（Montesquieu，1689—1755）以降对专制的理解的影响而形成历史情景与现代语言对应上的偏差（也就是历史学上常讲的时代错置。例如用"政治犯"来形容伍子胥，用"民族主义"来解释孟子的华夷之辨），还是因为中国皇权本质上就不是专制的，所以无论专制意指为何，都不适用于中国古代政治。第二，把"思考"与"思想"当作"事实"或"事件"来处理，在实践上有一定的困难，毕竟思考与思想不像战争、会议、登基、生育、发明轮子等等这类事实——外在行动与事物的产生——那般明确。因此，尽管"过去实质上发生"这几个字非常关键，但怎么样确认思想发生的时间、延续、与其他事件的相关性和影响或重要性等等问题，就变得很不确定。这两重思想史研究困境就成为当代思想史方法（论）的问题核心。

从第二次世界大战之后,英语世界兴起了一股思想史写作的热潮。此一趋势在 1960 年代持续增温,并且有了一小波有关方法论的讨论。我们会在后面的章节仔细介绍此一围绕斯金纳(Quentin Skinner,1940 年生)的方法论争论,在此先稍微交代结果:1960 年代的思想史方法论,重新肯认了历史学有别于哲学的旨趣、研究路径与关怀。只是此时的哲学家也已经不像黑格尔一样强调形上论或历史整体论了。现代哲学家强调的是思想或观念可以有永恒的价值——我们现在讲"荣誉""国家""爱""道德"等等,基本上与希腊罗马思想家的认知没有本质上的不同。针对现代哲学(史)家相信观念的跨时性,斯金纳及其师友们认为,研究重要思想、人物、著作,都必须在适当的历史或语言脉络下来理解,不能假设研究者所处的时代价值与语言可以直接转译过去的文字与思想。如果这样做,就是将历史人物与思想"去脉络化"了。思想史家钱穆经常在著作中告诫读者,"不可厚诬古人",对古人要有"同情的理解";思想史家余英时常常批评"以论代史"的历史研究;美国汉学家艾尔曼(Benjamin Elman,1946 年生)有本专书取名为《以其自身的标准》(*On Their Own Terms, Science in China, 1550 - 1900*,2005)[①]——他们的用词虽然不同,他们对"传统文化"的态度也颇不相类,但他们想要传达的史学原则完全相同:思想史研究不能以研究者

---

① 中译本名为《科学在中国(1550—1900)》(北京:中国人民大学出版社,2016),原祖杰等译。——编者注

的时代，而应该以被研究者时代的条件、背景、价值系统来了解当时的人物思想。无论是西方思想史家还是中国思想史家都有其相对应的时空背景，他们的立论与所要反对的主流意见也不尽相同。但无论如何，现代思想史的出现，的确是在历史成为专业学科之后。

四

西方的旧思想史：
文化史与精神史

兰克当然是一位具有智慧与思考力的史家，他在思考什么是史学的本质与史家的身份时所显露的精确思想，说明了他不是一位只把史料拿来"整齐排比"了事的"剪刀与糨糊"史家。不过，综观兰克的主要著作，或许可以称其为一位外交史家、政治史家，甚至是世界史家，但很难说是一位思想史家。① 前面提到，思想史是史学专业化后产生的诸多史学次领域的其中一支。次领域与次领域之间常常不是泾渭分明的。例如今天有位学者研究米开朗琪罗的绘画或雕塑的风格、母题（motif）与其前代、同时代艺术家之间的传承或差异，这样的研究很容易被归类为艺术史。如果有学者专注于讨论米开朗琪罗如何选用画布、挑选大理石，这些材料、颜料是如何传入，或如何被开采，工人、商人、金主、艺术家彼此如何互动，等等关于物质性与社会性的课题，那么这项研究在今天的学术界就会被

---

① 其实强要以后世学科次分类来定义兰克这位早期的专业史学家，这本身就是种时代错置的做法。我们在此之所以强行分类，主要目的在于说明思想史如何从后兰克时代出现。

归为文化史。① 但如果研究中大量探讨米开朗琪罗为何选用特定人物、象征,以及这些画作或雕塑可能要传达何种信仰、价值与世界观,讨论这些艺术创作与他的宗教观、爱情观、人生观、政治态度的关系,这样的研究就很可能是一份道地的思想史作品。在英国现代思想史发展过程中扮演重要角色的哲学史家柯林武德(R. G. Collingwood,1889—1943)就是这样构想出思想史的目的与可能。他说,艺术家的作品背后应该有个创作目的,艺术家一定是想表达一个或一些想法、观念、信念或价值;透过艺术品,研究艺术家的心灵与想法是可能的。这么说来,想要了解米开朗琪罗的艺术成就及其时代,文化史、艺术史、思想史等等次领域,都只代表了一种特殊的趋近方法与再现方法,是米开朗琪罗及其世界的一个面向,是钻石多角光彩中的一面。

二战之后,随着婴儿潮与大学教育的快速膨胀,史学专业化也以惊人的速度前进。但在二战之前,史家在或强或弱的程度上关心"全史"或"整体史"(total history)写作的可能。史家不只关心柯林武德以为的艺术家的理念,或潘诺夫斯基(Erwin Panofsky,1892—1968)的艺术家创作风格,而是艺术与社会整体之间的综合互动,借以呈现

---

① 值得注意的是,近二三十年,西方艺术史、社会史、文化史之间的交融非常明显。艺术史家越来越愿意从社会背景、阅读史、物质文化角度去理解艺术史内的课题。反之,传统历史学者也越来越愿意以图像作为辅助的证据,甚至是主要研究对象。可参考:Peter Burke, *Eyewitnessing: The Uses of Images as Historical Evidence* (Ithaca, Cornell University Press, 2008); Albert Boime, *Art in an Age of Civil Struggle, 1848 - 1871* (Chicago: Chicago University Press, 2008)。

时代特色。在19世纪晚期,艺术史、文化史与思想史之间的界限还很模糊,或者应该更精确地说,这些界限还不存在。来自瑞士德语区的历史学者布克哈特在1860年出版《意大利文艺复兴时期的文化》(*Die Kultur der Renaissance in Italien*)。在这本划时代、开创性的研究中,布克哈特讨论了意大利文艺复兴时期,也就是14世纪晚期到16世纪中期的艺术、文学、节庆等等表现,意欲证明人们从此开始注重个体性(Individuum)——对个体性的注重开启了现代西方的大门。

> 人类意识的两面——面向世界与面向内心——犹如隐藏在同一张帷幕之下半梦半醒着;这是一张以信仰、孩童般的成见以及幻觉所共织而成的帷幕;看透它,世界与历史会呈现奇怪的色泽。人视己仅仅是某一种族、国族、政党、职业团体、家庭或其他团体的一名成员。但就在意大利,这一帷幕首次融解于空中,唤醒了对国家与世上所有集体事物的客观认知与客观对待。但在客观之旁,主观也奋力而起,人变成自省的个体,而且以个体这样的方式认识自己。①

---

① "Both sides of human consciousness — the side turned to the world and that turned inward-lay, as it were, beneath a common veil, dreaming or half awake. The veil was woven of faith, childlike prejudices, and illusion; seen through it, world and history appeared in strange hues; man recognized himself only as a member of a race, a nation, a party, a corporation, a family, or in some other general category. It was in Italy that this veil first melted into thin air, and awakened an objective perception and treatment of the state and all (转下页)

《意大利文艺复兴时期的文化》的文采与史家布克哈特的主观洞视一样精彩迷人；但它已经很难符合今日学术所要求的论述精准度，正如它很难归入任何今日的史学次领域。一方面，本书中有今日艺术史、文学史、文化史、日常生活史、思想史的题材，尤其本书第六章"道德与宗教"（Sitte und Religion），无疑是思想史的题材与讨论。但另一方面，本书使用、讨论这些题材的方法，与今日艺术史、文学史、文化史、思想史等等的做法大有不同。在很长一段时间内，德国学界以"文化史"（Kulturgeschichite）来指认《意大利文艺复兴时期的文化》。后来20世纪晚期欧美学界兴起一波文化史的写作热潮，为了区隔起见，人们就将20世纪晚期的新品称为"新文化史"（New Cultural History）。[1]

德国学界在19世纪末、20世纪初有"精神史"（Geistesgeschichte）写作类型。基本上是史家或作者以统摄性的眼光，综合地描述一国或一地文化创造，如宗教、建筑、绘画，尤其是诗歌文学，借以展现该国或该地人民的价值、精神与心智力量。之所以用精神一词，与德语世

（接上页）things of this world in general; but by its side, and with full power, there also arose the **subjective**; man becomes a self-aware individual and recognises himself as such." Jacob Burckhardt, trans. by S. G. C. Middlemore and noted by Peter Murray, *The Civilization of the Renaissance in Italy* (London: Penguin, 1990), p. 98. 布克哈特认为彼特拉克（Francesco Petrarca, 1304—1374）是第一位"现代人"。余英时曾经表示魏晋南北朝的士人开始了"个体自觉"，或许与此一文艺复兴书写传统有关。余英时，《余英时回忆录》（台北：允晨文化，2018），页192—194。

[1] Peter Burke, *Varieties of Cultural History* (Ithaca: Cornell University Press, 1997).

界的知识发展与学科概念有关。例如我们今日所谓人文学，英语称为 humanities，在 19 世纪的德语世界广称为 Geisteswissenschaft。狄尔泰（Wilhelm Dilthey，1833—1911）的《人文学导论》（*Einleitung in die Geisteswissenschaften*）是此一领域重要专著。① 精神史的由来应该也与 18 世纪开始流行的时代精神（Zeitgeist），以及黑格尔的客观精神（der objektive Geist）有观念传承的关系。此外，应该也与德国知识界强调精神文化（Kultur）概念有密切的关联。从 18 世纪下半叶，一些德国知识分子如哈曼（Johann Hamann，1730—1788）、赫德（Johann Herder，1744—1803）等人倡议注重内在心灵的陶冶、培养，强调完整的、诗的、直觉的世界。相信心与物不是二元对立，大自然是超越意义（例如上帝）的中介，而不是等待被了解、分析、利用的物质。此一德语思想传统中的文化（Kultur）有意与法国（以及英格兰）注重物质与外在制度、科技、行为层面所衍生出来的文明概念，做出区隔。精神史就是要将这些内在品质、能力与创造加以客观化的书写，用现代语汇来说，就是（内在）精神文化的再现。② 例如库尔提乌斯的《法国文明》（*Die französische Kultur: eine Einführung*，

---

① Geisteswissenschaften 直译的话是为"精神科学"，但是德语 Wissenschaft 所隐含的意思与中文的"科学"有不小差异。中文里"科学"深受英语文化的影响，指的是自然科学的知识模态，而 Wissenschaft 泛指追求真理的知识与方法。Wilhelm Dilthey, *Einleitung in die Geisteswissenschaften: Versuch einer Grundlegung für das Studium der Gesellschaft ihrer Geschichte* (1883).
② Julius Wigand, *Deutsche Geistesgeschichte* (Köln: W. Prüßmann, 1932). Friedrich Heer, *Europäische Geistesgeschichte* (Stuttgart: W. Kohlhammer, 1953).

1931)认为德国文化与法国文明既不同又互补。① 当代学者认为本书属于德国精神史的写作传统,上追赫德以降德国浪漫主义的民族个别主义(Volksndivdualität)。② 此种对时代精神的整体性理解与再现,与兰克所开创的学院的、科学的历史学研究极为不同。

1950年代之后,欧美主流学界已经很少人以"精神史"作为一种研究类型的名称。③ 例如移居到美国的奥地利学者韦勒克(René Wellek,1903—1995)于1931年出版《康德在英格兰,1793—1838》(*Immanuel Kant in England: 1793 - 1838*),他的作品一度被认为是精神史的代表作。韦

---

① 本书英译名为 *The Civilization of France*,精准传达了作者希望区隔法国注重物质文明与德国注重精神文化的世界观。Ernst Curtius, trans. by Olive Wyon, *The Civilization of France: An Introduction* (New York: Macmillan, 1932).
② Arthur R. Evans, Jr., "Ernst Robert Curtius," in Arthur R. Evans, Jr (ed.), *On Four Modern Humanists* (Princeton: Princeton University Press, 1970), pp. 107 - 108.
③ 有意思的是,"精神史"这个概念与名词在东亚留存了更长的时间。例如鹤见俊辅《戦時期日本の精神史1931~1945年》(东京:岩波书店,1991),龟井胜一郎《日本人の精神史研究》(东京:文艺春秋,1960)。甚至到2015年,小野纪明还在其著作《西洋政治思想史講義:精神史的考察》(东京:岩波书店,2015)中强调该书的特色是从哲学、文学、艺术、音乐、科学等各种面向理解欧洲人与其时代的心灵关联——"人・の営みを総体として捉え、その・代の心的・関、時代精神に肉薄しようと試みる"。日本学界与知识界的精神史传统应该是直接继受自德国传统。东京大学第一位历史学教授里斯(Ludwig Riess, 1861—1928)是兰克的学生。虽兰克本人及其学生不时兴精神史写作,但因为里斯这层关系,德国因素在日本历史学界的影响非常大,许多20世纪上半叶的德国精神史著作,甫一出版就被翻译成日文。反之,在近代中国史学中,德国史学最重要遗绪则为(语言)考据学,这应该是乾嘉考据传统以及某些留德学者如傅斯年、陈寅恪等人影响的结果。钱理群巨著"20世纪中国知识分子精神史三部曲"中所谓"精神史"是指个别人物的"精神发展史"。我们可以将之理解为个人面对人生、世界的态度,与19世纪德国研究群体或民族精神Volksgeist与Zeitgeist的学术传统无关。

勒克后来致力于文学批评的理论建构，于 1941 年出版《英语文学史的兴起》(*The Rise of English Literary History*)，1949 年与沃伦（Austin Warren，1899—1986）合写《文学理论》(*Theory of Literature*)。其著作对于后来的结构主义、俄国的文学批评与美国文学批评中的"新批评学派"有相当的影响。值得注意的是，韦勒克自己后来也不用"精神史"这个名称。1965 年他的《冲突：19 世纪德国、英格兰、美国之间的知识与文学关系》(*Confrontations: Studies in the Intellectual and Literary Relations Between Germany, England, and the United States During the Nineteenth Century*) 出版，书中就采取了英语世界习用的思想史或知识史（intellectual history）的用词。

五

英语世界的"思想史"发展

英国近代著名的哲学史家以塞亚·伯林（Isaiah Berlin，1909—1997）曾经评论道，英语世界对于"思想史"从未展现高度兴趣。伯林说：

> 英语作家们对于思想史（intellectual history）此一领域一般缺乏兴趣。其中固然有些例外，但为数不多。19世纪的英国思想（English thought）虽然较诸其他国家影响力更大，但多数仍亟待书写。观念（ideas）与行动之间的冲突争论，对英国史家、哲学家、批评家们而言，或许是个问题，但不是眼下的问题。他们已经把探究观念与社会、经济、科技发展之间的互动工作，丢给其他国家的作者们了（尤其是近两百年来）；即便偶有关心此道且出身于英格兰的作者，专注力也集中在结论而非其方法。①

---

① Isaiah H. G. Berlin, "The Essence of Romanticism," in *The Power of Ideas*. H. G. Schenk, *The Mind of the European Romantics: A cultural History* (London, 1966), Prefaced by Berlin.

伯林的论断值得注疏。第一，他在短短一段文字里同时使用 intellectual、thought、ideas 三个与思想史相关的字词，隐约将它们一股脑视为同义词，这说明了在 1960 年代人们对于如何称呼这一（次）领域还没有共识。伯林使用 intellectual history 一词，固然表明他的研究主要系以知识分子（intellectuals）的思想为主要分析对象，却预示了 intellectual history 在往后数十年所代表的普遍意涵与地位。第二，从写作风格与研究方法上来讲，伯林的研究大抵可归为"观念史研究"（studies of the history of ideas），例如他的名著《两种自由的概念》（*Two Concepts of Liberty*，1958）就是综合分析欧洲近代史上重要政治哲学家对于自由的定义，从中厘出两种哲学类型，即所谓的"积极自由"与"消极自由"。倾向前者的思想家有柏拉图、卢梭、康德、黑格尔，后者有贡斯当（Benjamin Constant，1767—1830）、穆勒（John S. Mill，1806—1873）、休谟、托克维尔（Alexis de Tocqueville，1805—1859）。① 伯林的观念史研究同时注重分析与综合，但少交代有关"史"，也就是起源、变化与时代关系。他身后出版的《浪漫主义的根源》（*The Roots of Romanticism*，1999），分析卢梭、席勒、康德、贝多芬、拜伦（George Byron，1788—1824）、布莱克（William Blake，1757—1827）等等许多思想家、作家、艺术家的思想与态度，似乎是要为 19 至 20 世纪风起云涌的

---

① Isaiah Berlin, *Two Concepts of Liberty* (Oxford: Clarendon Press, 1958).

民族之爱或民族主义做溯源的工作。① 如是，对伯林而言，观念"史"的重要意义是在源头，而不是过程与变化。

伯林此文发表于 1966 年，也就是在此时，英格兰正要开始进行一场规模不大、影响力却相当可观的思想史方法论讨论。所以伯林所谓"英语世界"可以指涉英格兰或英国，却不该包含北美。早在 1940 年代，"观念的历史"或"观念史"（history of ideas）就已经在北美掳获许多杰出史家的注意。从 1940 年代至 1960 年代，观念史之所以未能在英格兰获得如在北美一般的重视，主因之一应该是左派史学在英格兰的擅场。对左派而言，思想或观念不是历史进化的主要推动力量。② 历史研究的重心应该是经济史、社会史、下层社会尤其是工人的历史。以牛津为基地的一群杰出史家，包括克里斯多佛·希尔（Christopher Hill，1912—2003）、劳伦·斯通（Lawrence Stone，1919—1999）、泰勒（A. J. P. Taylor，1906—1990）结合汤普森（E. P.

---

① Isaiah Berlin, ed. Henry Hardy, *The Roots of Romanticism* (Princeton: Princeton University Press, 2013). 此书原为 1965 年的演讲稿。据编辑哈代所言，伯林此后一直试图扩大论证与篇幅，但即便到临终之前，依旧无法写出让自己满意的新稿。

② 教条的、正统的或庸俗的马克思主义史学追随者可能会认为，观念，一如法律与宗教，是经济物质条件或生产关系的产物。不过英国左派史家未必采信这样的因果关系或单面关系。不同的左派史家对知识或思想的力量与自主性，抱持不同的态度，例如克里斯多佛·希尔就写过英格兰革命的思想渊源，见 Christopher Hill, *Intellectual Origins of the English Revolution* (Oxford: Clarendon Press, 1965)。他的学生基思·托马斯写了《魔术的衰落》（*Religion and the Decline of Magic*, New Haven: Yale University Press, 2020），都没有刻意从物质主义决定论的角度来呈现信仰与知识的被动意涵。比较稳妥的说法应该是，英国左派史学相信，社会结构与社会关系的力量以及群众的力量要远大于理念、个别的知识分子与哲学家。至少，他们对群众的关注远高于个别人物。

Thompson,1924—1993)、霍布斯鲍姆(Eric Hobsbawm,1917—2012)、基尔南(Victor Kiernan,1913—2009)等人在1952年创办《过去与现在》(*Past & Present*)学报,说明当时史学的动向正朝着与思想史、观念史相当不同的道路奋进。作为牛津的杰出教授与知识人,伯林的夫子自道有深刻的时代因素。

观念史作为一种思想史

/

理解重要的思想对理解历史有无比的重要性,但思想史作为一种学科或训练却是非常晚近的事。现代/科学史学的诞生,实肇因于其生父兰克有意识地与当时强调形上论、观念论、知识论、规范论的"哲学"划清界限。但令人惊异的是,如果说现代专业史学是从自我隔离于哲学开始,而思想史的诞生,却是从哲学与史学的重新结合而来。

哲学与史学的重逢是在"观念史"这座鹊桥之上发生的。这地点既是偶然也是必然。"观念"(Idea)原本就是哲学中重要的元素以及分析对象。柏拉图说,世界的真实存有不是物,而是观念,我们五官所感知的事物,只是观念的表象。观念是客观的存有(在),它不会因为人的认知差异而改变。为了说明柏拉图与观念的重要,怀特海(Alfred Whitehead,1861—1947)曾戏剧性地说道,西方两千年的哲学史只是一直在替柏拉图做注脚。柏拉图的观念永恒，而历史却是永远的变化，那么看似矛盾的"观念史"有无可能成立？观念史的讨论主题究竟是什么？1940年《观念史学报》(Journal of the History of Ideas) 创刊。这表示作为后来"思想史"家族的一支，观念史已经成为面貌清晰、可资辨识的准次学科了。一新领域或学科的创立，必然经过一定时间摸索、披荆斩棘的历程。我们多数人只能知道最后的成果，对于历程中的辛苦与转折，不易得知。《观念史学报》系由维纳（Philip Wiener，1905—1992）与洛夫乔伊（Arthur Lovejoy，1873—1962）共同创办。他们两位都出身于哲学系，博士论文写的是哲学课题，也都在哲学系任教。虽然学报是由维纳首先倡议，但事后看来，洛夫乔伊在思想史的发展过程中扮演了更为关键的角色。洛夫乔伊在哈佛攻读哲学博士，受业于威廉·詹姆斯（William James，1842—1910）与乔西亚·罗伊斯（Josiah Royce，1855—1916）。自1910年起，他在执教的约翰·霍普金斯大学成立"观念史俱乐部"（History of Ideas Club），大概是"观念史"这个学术概念制度化的滥觞。洛夫乔伊对观念与时间（历史演化）有浓厚兴趣，而哲学训练让他擅长于对观念进行分析。[①] 从1904年开始，洛夫乔伊对历史上的"原始主义"（Primitivism）、"浪

---

① John Herman Randall, Jr., "Arthur O. Lovejoy and the History of Ideas," *Philosophy and Phenomenological Research*, 23: 4 (1963), pp. 375 – 79. Daniel J. Wilson, "Lovejoy's Great Chain of Being after Fifty-Years," *Journal of the History of Idea*, 48:2(1987), pp. 187 – 206.

漫主义"(Romanticism)进行分析,写下多篇文章。他认为历史上的作家与思想家在构想与原始主义或浪漫主义有关的情感或言论时,他们对这些观念的认知或定义其实并不完全相同。根据他的分析,历史上其实有几十种浪漫主义,原因是主要的观念(unit-idea)会在不同时期与其他不同的主要观念重新组合。

洛夫乔伊最为人所知的作品是《存在巨链》(*The Great Chain of Being: A Study of the History of an Idea*)。书稿原是洛夫乔伊于1933年,主讲哈佛大学"威廉·詹姆斯讲座"(William James Lectures)的讲稿。据说当初演讲完毕,哲学家们多数不报以好评,以为对哲学思考的进展助益不大。哈佛大学出版社还一度搁置书稿,最后在1936年出版此书。本书讲述从中世纪开始,西方流行一种观念,认为宇宙中的存有之物像条链子一样,由上而下串在一起,至高者为神,其下为天使,然后依次而降为人、动物、植物、矿物。此一存有等级的观念一直存在于欧洲人的意识中,但在不同时期,其意义迭有变化。本书的主角是存有之巨链这个"观念",正如书的副标题所言,它是"观念的历史研究"。研究观念是哲学家的本行,"我是谁?""存有是什么?""什么是正义?""何谓自由?"是哲学的标准课题。哲学家们可能会用特殊的方法,例如逻辑分析、语言分析、辩证法,甚至直观来界定、证明、透显他们所关注的观念,赋予观念在现实生活中的意义。但洛夫乔伊的目的在于观察、说明观念在时间或历史中的变化。

洛夫乔伊是名哲学教授，但他没有站在与柏拉图、奥古斯丁、康德同等的地位，争辩概念与真理。《存在巨链》也不是常见的哲学史著作；一般哲学史就像常见的经济史或物理学史，基本上是交代哲学这门知识如何被建立，最常见到的书写方式是介绍历史上重要哲学家的创见与著作。但《存在巨链》所捡择的哲学家或思想家未必是哲学教科书所认可的大师，这使得观念史与哲学史之间存在着方法上的不同。《存在巨链》主要的目的是说明"存在巨链"这观念一直存在于西方人的意识之中，但随着时代之不同，此一观念的作用、显现的方式、强调的重点就会不同，这是因为在不同时代会有不同的观念加进来一起形成不同的观念丛、不同的思考模态。① 在洛夫乔伊的"观念史"实践里，"观念"与"史（时间）"有着同等的重要性，只是此处的历史所强调固然是变化，强调各个时间与时代同一观念的不同面向，却较少涉及社会、政治、经济的空间背景。

随着"观念史俱乐部"、《存在巨链》、《观念史学报》的渐次成立与出版，观念史成为一门独特学问的基础已经初备。所谓独木难撑大厦，观念史之所以后来逐渐被学界接受，是因为许多作者彼此鼓励、切磋，以及进行建设性批判。美国在1930年代开始，就有许多讨论历史上重要思想家与观念的作品出版。不少德语世界的犹太裔学者为了

---

① 从思想史角度来看，此书完成于近九十年前当然有巨大的开创风气之功，但书中对于多数作家、思想史的意见、态度、文本欠缺必要分析，更少有对政治社会经济环境的对话铺陈，使得本书看似一本有关存在之链想法的史料集。这应该是后来斯金纳提出脉络分析的原因之一。

躲避纳粹政权而移入美国。其中有许多人本身是重要的思想家,例如政治哲学家汉娜·阿伦特(Hannah Arendt, 1906—1975),社会哲学与批判理论家阿多诺(Theodor W. Adorno, 1903—1969)、霍克海默(Max Horkheimer, 1895—1973),经济学家与政治评论家哈耶克(F. A. Hayek, 1899—1992)等人。其中有些哲学家对历史课题做出开创性的研究,例如《象征形式的哲学》(*The Philosophy of Symbolic Forms*, 1923—1929)、《启蒙运动的哲学》(*The Philosophy of the Enlightenment*, 1932)、《国家的神话》(*The Myth of the State*, 1946)等书的作者卡西尔(Ernst Alfred Cassirer, 1874—1945)就于1942年在《观念史学报》发表关于意大利人文主义学者Giovanni Pico Della Mirandora的文章。① 同样来自德国的犹太学者克里斯特勒(Paul Oskar Kristeller, 1905—1999)在《观念史学报》第3期发表了论述意大利文艺复兴时期人文主义学者费奇诺(Marsilio Ficino, 1433—1499)思想的文章,此后也经常投稿该刊,并于20世纪五六十年代陆续出版文艺复兴哲学家的思想著作。② 卡西尔、克里斯特勒与兰德尔(John Herman

---

① Ernst Cassirer, "Giovanni Pico Della Mirandola: A Study in the History of Renaissance Ideas (Part I)," *Journal of the History of Ideas*, 3:2(1942), pp. 123 – 144. Ernst Cassirer, "Giovanni Pico Della Mirandola: A Study in the History of Renaissance Ideas (Part Ⅱ)," *Journal of the History of Ideas*, 3:3(1942), pp. 319 – 346.
② Paul Oscar Kristeller, "Theory of Immortality of the Marsilio Ficino," *Journal of the History of Ideas*, 1:3(1940), pp. 299 – 319. Paul Ozcar Kristeller, *The Classics and Renaissance Thought* (Cambridge: Harvard University Press, 1955); *Eight Philosophers of the Italian Renaissance* (Stanford: Stanford University Press, 1964).

Randall Jr., 1899—1980)合编的《文艺复兴人的哲学》(*The Renaissance Philosophy of Man*, 1956),对哲学史与观念史的研究颇有提振作用。① 兰德尔本人也是《观念史学报》的常客。另一位犹太移民巴隆(Hans Baron, 1900—1988)的《早期意大利文艺复兴的危机》(*The Crisis of the Early Italian Renaissance: Civic Humanism and Republican Liberty in an Age of Classicism and Tyranny*, 1955)与《15 世纪初佛罗伦萨与威尼斯的人文与政治文学》(*Humanistic and Political Literature in Florence and Venice at the beginning of the Quattrocento: Studies in Criticism and Chronology*, 1955)是稍后时期观念史的重要著作。② 其他重要的欧陆移民观念史家还包括哲学史家阔纳(Richard Kroner, 1884—1974)、古典学者耶格尔(Werner Wilhelm Jaeger, 1888—1961)以及中文世界相对熟悉的康托洛维奇(Ernst Hartwig Kantorowicz, 1895—1963),其代表作《国王的两个身体:中世纪政治神学研究》(*The King's Two Bodies: A Study in Mediaeval Political Theology*, 1957)近年被翻译成中文,颇受注

---

① Paul Kristeller and John Randall Jr. (eds.), *The Renaissance Philosophy of Man* (Chicago: The University of Chicago Press, 1950).
② Hans Baron, *The Crisis of the Early Italian Renaissance: Civic Humanism and Republican Liberty in an Age of Classicism and Tyranny* (Princeton: Princeton University Press, 1955; 1966). *Humanistic and Political Literature in Florence and Venice at the Beginning of the Quattrocento: Studies in Criticism and Chronology* (Cambridge: Harvard University Press, 1955; 1968).

目。① 在此书完成之前，康托洛维奇已在《美国历史评论》(American Historical Review)、《哈佛神学评论》(The Harvard Theological Review)上发表政治神学或政治思想的相关文章。海德格尔的学生洛维特（Karl Löwith，1897—1973）移民纽约，于1940年代末出版《历史中的意义》(Meaning in History: The Theological Implications of the Philosophy of History，1949)。② 另外一位属于稍晚世代的欧洲移民，也是中文世界熟悉的观念史家彼得·盖伊（Peter Joachim Gay，1923—2015），他从1950年代开始发表许多关于18至20世纪的思想人物世界观的论著。就在以赛亚·伯林——本身也是一位从俄国移民至英格兰的犹太知识人——发表上述有关英国观念史研究现况文章那一年，盖伊出版了迄今依旧值得参考的《启蒙运动》(The Enlightenment: An Interpretation，1966)一书。③ 简言之，从欧陆，尤其是哲学之乡与精神史书写的滥觞德国出走的学者，为新大陆以及英语世界哲学史与观念史提供了极为丰饶的养分。

同样是从德国（汉堡）出逃到北美的艺术史家潘诺夫

---

① Ernst Kantorowicz, *The King's Two Bodies: A Study in Mediaeval Political Theology* (Princeton: Princeton University Press, 1957).
② Karl Löwith, *Meaning in History: The Theological Implications of the Philosophy of History* (Chicago: Chicago University Press, 1949).
③ Peter Gay, *The Enlightenment: An Interpretation: The Rise of Modern Paganism* (New York: W. W. Norton & Company, 1966).三年后，他发表了本书的姊妹作《启蒙运动：一种诠释：自由的科学》(*Enlightenment: An Interpretation: The Science of Freedom*, 1969)。

斯基在1924年出版《观念：一个艺术理论的概念》（*Idea: A Concept in Art Theory*）一书。根据他自己的说法，他的思考呼应了卡西尔稍早之前在沃伯格图书馆（Warburg Library）的演讲《柏拉图〈对话录〉中的美之观念》（"Eidos und Eidolon: Das Problem des Schönen und der Kunst in Platons Dialogen"）。① 潘诺夫斯基将观念研究与图像研究结合，建立"图像学"（iconology）方法。潘诺夫斯基于1933年移居北美之后，陆续出版《图像学研究》（*Studies in Iconology*, 1939）、《丢勒的生活与艺术》（*The Life and Art of Albrecht Dürer*, 1943）、《早期尼德兰绘画》（*Early Netherlandish Painting: Its Origins and Character*, 1953）等，深刻影响北美乃至英语世界的艺术史研究。潘诺夫斯基认为图像经常隐藏画家所要传达的观念，所以读画者不能仅就画面构图与一般意义来了解画作。此外，画作必然承载了个人与文化意义，读者必须从图像所生成的文化来对读图像，才能掌握图像更深层的意义。显然，潘诺夫斯基既受到观念论哲学的影响，也呼应了精神史的基本信念——从图像联结到观念，必须依赖分析的方法，从文化理解到图像阅读，必须仰赖诠释。与本文比较有关系的部分是，这群以大纽约地区为中心的德国流亡学者从各自的专业出发，而与历史研究以及观念分析产生交集。这

---

① 潘诺夫斯基指的是卡西尔的演讲稿 *Eido und Eidolon*（《观念与灵魂》），该稿后来成为《沃伯格演讲图书集》的第二册（1922—1923），潘诺夫斯基的书则是第五册。

应该是观念史在1940年代初兴起的学术与社会背景。

从欧洲逃难至北美的人文学者当然远远不只上述这些人,而这些人也远远不是促进观念史发展的所有心灵。早期在《观念史学报》上发表文章的学者来源相当多元,其中包括英国逻辑哲学家罗素(Bertrand Russell,1872—1970)与美国实证主义哲学家杜威(John Dewey,1859—1952)。① 文章主题也包罗甚广,科学、心理学、文学、哲学、人物、著作、科学机构等等不一而足。洛夫乔伊在创刊号发表《观念史的反思》("Reflections on the History of Ideas",1940)一文,颇有发刊词的用意。② 他在文章中提到,鉴于史学的专业化与分科化,许多史家即使意识到哲学上的观念对其所研究的文学与科学(史)有重要影响,也苦无时间与方法来理解。洛夫乔伊说,原因不单是因为理解哲学观念需要大量哲学文献的阅读与训练,更因为一般的哲学史书写未能提供史家的需要。③ "观念史"的重点自然是"观念"与"历史"。洛夫乔伊认为,历史要能探讨历史人物的"思考、情感、想象、价值判断"。更具体而言,《观念史学报》希望能为以下研究提供发表园地:

1. 古典如何影响现代思想(modern thought),欧洲

---

① Bertrand Russell, "Byron and the Modern World," *Journal of the History of Ideas*, 1:1(1940), pp. 24 - 37. John Dewey, "James Marsh and American Philosophy," *Journal of the History of Ideas*, 2:2(1941), pp. 131 - 150.
② Arthur Lovejoy, "Reflections on the History of Ideas," *Journal of the History of Ideas*, 1:1(1940), pp. 3 - 23.
③ Arthur Lovejoy, "Reflections on the History of Ideas," *Journal of the History of Ideas*, 1:1(1940), p. 6.

传统如何影响美国文学、艺术、哲学、社会运动。
2. 哲学观念（philosophical ideas）如何影响文学、艺术、宗教、社会思想，包括品味、道德、教育理论与方法的标准。
3. 科学发现与理论在其自身领域以及哲学领域中的影响。
4. 影响广泛的观念或核心理论（ideas of doctrines）的历史发展与效应，例如演化、进步、原始主义、人类动机与对人性的评断，有关自然与社会的机械论与有机论，形上与历史决定论与未决定论（indeterminism），个体主义与集体主义，国族主义与种族主义。①

洛夫乔伊这段话有几点值得注意。第一，他显然认为文学史对于理解历史有重要地位，却又不满于一般文学史写作对重要观念的忽视。诚如前述，德国精神史著作就普遍认为文学著作是理解历史心灵、知识、世界观、思想的重要窗口，只是洛夫乔伊特别强调观念这一元素。第二，洛夫乔伊强调古典观念对"美国"的影响，说明观念史，正如后来的思想史一样，具有国家与地域关怀。第三，宣言中所提及的几个议题反映了当时知识界所关心的方向。

将文学家与文学作品视为历史研究的重要对象，尤其

---

① Arthur Lovejoy, "Reflections on the History of Ideas," *Journal of the History of Ideas*, 1:1(1940), p. 7.

是人类思想状况的重要参考，或许会让熟悉中文世界思想史的读者稍感迷惑，毕竟在中国思想史中，相较于经、史、子部书籍，文学家或文学作品其实处于相对边缘的地位。①如前所述，在德国精神史写作里，文学（家）是重要的构成内容。德裔的洛夫乔伊虽然在一岁左右就已经移居美国，但作为欧陆哲学的学者，他的知识圈其实延续着相当浓厚的德国知识传统。他早期主要研究与浪漫主义相关的课题。他主要的观点是，将启蒙（Aufklärung）之后的思想气氛（1780—1790年代）称为"浪漫主义"是错误的，因为浪漫的观念存在于许多不同的时代。但是1780—1830年代可以称为"浪漫主义时期"，因为有些观念成为聚光灯下的明星观念，人们反复使用，尽管不同作家在使用这些观念时，其语意各有轻重不同。史家的工作就是找出这个主要观念，分析不同作家使用时的共相。例如18、19世纪之交强调现代艺术，所谓现代，其关键观念是相对于先前的"有限"的"无限"或永恒，所谓浪漫，是指"无限之艺术"（Kunst des Unendlichen），此一新价值迅速在其他领域蔓延影响。②洛夫乔伊认为，在找出共享的重要观念之后，史学工作者需要进一步将此一关键观念与其他许多观念进

---

① 魏晋到隋唐是中国文学，尤其是韵体文与诗歌发展的高峰，但它们极少进入现代思想史家的视界。有唐一代思想史研究，相对于其他朝代也明显单薄。多数精彩的思想史作品，多以佛、道宗教思想为主要内涵。此一情况近年稍有转变，但其研究方式与德国精神史传统大异其趣。参考陈弱水，《唐代文士与中国思想的转型（增订本）》（台北：台湾大学出版中心，2016；2022）。

② Arthur Lovejoy, "The Meaning of the Romanticism for the Historian of Ideas," *Journal of the History of Ideas*, 2:3(1941), pp. 257-278, 263-264.

行"逻辑的、心理的、历史的"三重关系的重建。① 透过"逻辑的与心理的"分析,史家可以建立组丛观念(unit-ideas)作为平台,在此上进一步细分相同观念在不同历史人物身上的作用。

洛夫乔伊宣称,许多社会史家、政治史家在处理浪漫(主义)时,经常忽略重要观念的历史,因为他们忽略了一个事实:许多重要的政治观念,原本就是美学的与宗教的观念。他举了"完整"(das Ganze)、"奋进"(Streben)、"独特"(Eigentümlichkeit)三个观念做例子,联结到他关心的核心——希特勒(Adolf Hitler,1889—1945)代表什么样的时代,或反映了何种意见氛围。② 洛夫乔伊论道,康德在《纯粹理性批判》中描述有机整体观的时候说,"部分"只是为了整体而存在的工具(Werkzeug)。康德这个浪漫前期的观念,后来快速进入形上学、道德哲学、政治学领域。"整体之观念"(The Idea of the Whole)的政治实践就是国家(the State)。洛夫乔伊总结道,没有整体观念做预先铺陈,政治的整体主义(totalitarian ideology)很难擅场。国家作为意志力量的肉身,它持续为扩张、外在的力量、超越的疆界而奋进,乃是一种天职。洛夫乔伊在此率直地评论,无怪乎尼采会成为希特勒之后的德国首席哲

---

① Arthur Lovejoy, "The Meaning of the Romanticism for the Historian of Ideas," *Journal of the History of Ideas*, 2:3(1941), pp. 257-278, p. 264.
② Arthur Lovejoy, "The Meaning of the Romanticism for the Historian of Ideas," *Journal of the History of Ideas*, 2:3(1941), pp. 257-278, p. 272.

学家，而希特勒则是庸俗版的浮士德——"他总是昂扬奋进"（der immer strebend sich bemüht）。① 最后，"独特"或特别、特殊，从文艺、美学领域被政治挪用之后，成为国族主义的重要观念。族群的自爱，很容易自认自己族群的"血统、民族精神（Volksgeist）、传统、机构与制度"会优于其他民族。②

如果说观念史是德国哲学与哲学史学术双亲在美国生下来的英语学术婴儿，这话应该只有轻微的夸饰，而围绕在《观念史学报》作者群之间的哲学家、文学批评家们则是助产士。同是来自德国的犹太流亡学者史毕则（Leo Spitzer，1887—1960）对这学术新生命的身份表示疑虑，希望它认祖归宗，恢复"精神史"的姓氏。③ 他在《观念史学报》发表一篇文章批评洛夫乔伊的观念史研究，认为不同时代之间的观念不会是连续的。他说：

---

① 洛夫乔伊发表此文之时，欧战方兴未艾。他若有所指地说："希特勒讲出他笨拙的思想，离他那邪恶之日还有很长一段路要走。所以，人总要先奋斗了才能看清楚他可以做什么。" "But Hitler puts the awkward thought from his mind; the evil day is at least a long way off; also, erst Kampf, und dann kann man sehen was zu machen ist." Arthur Lovejoy, "The Meaning of the Romanticism for the Historian of Ideas," *Journal of the History of Ideas*, 2:3(1941), pp. 257-278, p. 275.
② Arthur Lovejoy, "The Meaning of the Romanticism for the Historian of Ideas," *Journal of the History of Ideas*, 2:3(1941), pp. 257-278, p. 277.
③ 虽然韦勒克已经归化成为美国人，他在提及"观念史"的时候，依旧强调这是一群美国人所建立的研究方法。"In recent decades, a whole group of American scholars have devoted themselves to a study of these questions, calling their method the 'History of Ideas', a somewhat misleading term for the specific, limited method developed and advocated by A. O. Lovejoy." René Welleck and Austin Warren, *Theories of Literature* (New York: Harcourt, Brace and Company, 1949), p. 108.

> 我不相信［洛夫乔伊所提三个观念］它们之间的历史连续性。我不认为历史性的运动可以透过分析式的"观念史"加以说明，洛夫乔伊本人是此学术假说最直白、最著称的代言人。我只接受［强调］综合的精神史，不接受分析的观念史。（我不认为精神史可以被翻译成"观念史"，它将复杂多元整合成一个统一体。）①

史毕则果断坚决的语气完全符合德国权威教授的气派。他接着表示："我不用英语界习用的知识史（intellectual history），因为这个词过度强调知识（over-intellectual connotation），却没能包含德文的精神（Geist），人类心灵（mind），也就是情感（feeling）的所有的创造的冲动。布列摩（Abbé Bremond，1865—1933）的《法国宗教情操之文学史》（*Histoire littéraire du sentiment religieux en France depuis la fin des guerres de religion jusqu'à nos jours*，1916）是精神史，不是知识史。"② 尽管史毕则强烈呼吁回归精神史世系，但已经归化为英语世界学术公民的

---

① Leo Spitzer, "Geistesgeschichte vs. History of Ideas as Applied to Hitlerism," *Journal of the History of Ideas*, 5:2(1944), pp. 191-203, p. 191.
② "I do not use the English expression 'intellectual history,' because of the over-intellectual connotation of this term, which does not include, as does the German word Geist, all the creative impulses of the human mind (e. g., feelings): the *Histoire litteraire du sentiment religieux en France* of Abbe Bremond is Geistesgeschichte, not intellectual history." Leo Spitzer, "Geistesgeschichte vs. History of Ideas as Applied to Hitlerism," *Journal of the History of Ideas*, 5:2(1944), pp. 191-203, p. 191, note 1.

"分析式的观念史",以及它在英国的表兄弟"分析的知识史"终于还是在三十年后卓然独立,并且开枝散叶。

相对于精神史的衰微,观念史与知识史后来成为现代学者喜欢的书写风格。其中的原因应该不只一端,但现代学术生活的形态与生产模式,显然更有利于分析式的观念史与知识史,而不利于综合式的精神史写作。现代学院历史研究的表现形式集中于书写,而历史书写不外两大类,一为重构与彩绘,一为提问与解释。前者着重综合,擅长于表现出时代特性、历史(民族国家)特质、给予过往可辨识的样貌。后者着重分析,提出历史问题,尝试提供某一面向的解答——越想要面面俱到,越想要综合,就越不容易出彩,越需要耗费更多时间准备、咀嚼史料、构思、通盘理解。综合性的书写不只需要更长的酝酿,大彩绘的历史图像通常会以书本,尤其是多卷部的书册形式来展现,但不适合现代期刊、学报这种载体。既然现代学术生活的基础是论文与学报,分析的观念史与知识史也就更切近现代学者的思考、选题、写作,甚至生活习惯——例如发表与职别审评的时程。

知识史作为一种思想史

观念史在北美开始生根茁壮之时,大西洋彼岸的思想史以相对缓慢,且不同的方式前进。相对于北美学者强调

"观念",并习惯以观念史(history of ideas)自称其研究,英国学界在1980年代之后,普遍以知识史(intellectual history)来称呼自己的研究人类心智(灵)活动及其结果的历史。广义上,intellectual 指与心智有关的活动和结果,而其狭义则专指知识分子或知识人。学者在使用 intellectual history 时,并不会刻意区分两种层次的指涉,而且在大多数的例子上,英国学者的相关研究都相当注重"人物"或思考主体。尽管洛夫乔伊以倡议观念史著称,他自己也常用 intellectual history 一词,但是对他而言,思想史家(intellectual historians)的主要工作是将观念,也就是人类心智活动最关键的产物视为材料、史料、物件来分析,希望达到重建时代思想风貌的目的。这类视"观念"为"客观存在的历史资料"、是历史建构要件的史学工作者,比较不会考虑历史人物本身的生命遭遇、主观判断与抉择等等事件或因素,也较少审酌历史人物与环境的不断互动。[①] 相对而言,知识史史家比较注重人物的思考过程与其他历史条件互动的意义,只是这类史家所关注的"人"多数是知识界的大人物。

---

① "When the intellectual historian of a period has thus considered the logical and the hypothetical psychological relations of the major unit-ideas which he has found prevalent in the period, he must then, of course, return to the historical data, to observe how far the logical relations between these ideas were in fact manifested as operative factors in the thought-tendencies of the time, and what psychological relations among them can be actually seen at work in the minds of their spokesmen." Arthur Lovejoy, "The Meaning of the Romanticism for the Historian of Ideas," *Journal of the History of Ideas*, 2:3(1941), pp. 257 - 278, p. 266. 换言之,洛夫乔伊还是守着德国或欧陆学术里的大历史建构、大历史彩绘的企图。

观念史之所以能成为北美的一股研究趋势，除了与欧陆哲学和欧陆流亡学人的涌入（他们几乎群聚在大纽约地区）等积极条件有关，也与马克思主义或社会主义的相对薄弱有关。此一消极的原因，间接鼓励了观念与意识形态的研究兴趣。相反地，英国在 20 世纪三四十年代有许多学院中人同情左派理想。诚如前述，牛津大学因为长期关注社会运动，历史学者也开始多注意工人、阶级、权力压迫、殖民的历史，也因此他们对历史中的多样价值、思想与观念并不特别倾心。① 相对地，在剑桥大学，同情左派的历史学者，例如讲授德国文学的著名左派学者巴斯卡（Roy Pascal，1904—1980）就在 1930 年代末被迫离开剑桥到伯明翰大学。当然，这并不是说 1940 年代的牛津没有广义思想史的研究，或剑桥大学没有左派史家或学者。例如以《人与社会》（*Man and Society: A Critical Examination of Some Important Social and Political Theories From Machiavelli to Marx*，1963）一书而著称的政治思想史家普拉莫纳兹（John Plamenatz，1912—1975）当时就任教于牛

---

① 2011 年底，英国历史学会的通讯杂志 *History Today* 票选出过去六十年的"五大历史学者"，分别为布罗代尔（Fernand Braudel，1902—1985，代表作《地中海与菲利普二世时代的地中海世界》，*La Méditerranée et le Monde méditerranéen à l'époque de Philippe II*，1949）、汤普森（代表作《英国工人阶级的形成》，*The Making of the English Working Class*，1963）、霍布斯鲍姆、泰勒、卡尔（E. H. Carr，1892—1982）。除了布罗代尔，其他四位都是公开宣称的马克思主义史家。这份名单当然完全不能说明学者的学术成就，但是很能说明左派史学在英国历史学系毕业生之中的知名度与影响力。有关英国左派史家的研究，可参考 Harvey J. Kaye, *English Marxist Historians: An Introductory Analysis* (Cambridge: Polity Press, 1984)；周梁楷，《从汤恩比到霍布斯鲍姆——英国左派史家的世纪》（台北：商周，2017）。

津，并早在1949年就有《英国乐利主义者》(*The English Utilitarians, with a reprint of Mill's Utilitarianism*)一书出版。著名的观念论哲学史家与古典学者柯林武德也在牛津授课。只是，虽然柯林武德身后出版的《历史的观念》(1946)影响后代颇多，尤其是对思想史的方法论讨论贡献匪浅，但无论是他本人还是其学生，并没有史学意义上的思想史著作问世。反观，虽然剑桥的左派学生运动也如火如荼，甚至有多人志愿协助苏联对欧美的情报工作,[①]并产生多位所谓左派史家如霍布斯鲍姆与基尔南,[②]但在四五十年代，左派史家在剑桥校园的影响力极小，反倒是传统的辉格史学透过屈威廉(G. M. Trevelyan, 1876—1962)的影响而持续存在。在这样的学术氛围中，思想史写作慢慢发展开来。相对于左派史家在1956年创办《过去与现在》学报，以集体的努力让社会史成为主流次学科，思想史的推动并无集体或学派的制度性支援，而毋宁是个别史学工作者自主的发展，只是许多因缘巧合让剑桥在1970年代后成为当时英语世界的思想史研究重镇。

在1940年代，巴特菲尔德(Herbert Butterfield, 1900—1979)是剑桥教员中从事广义思想史研究的少数学者之一。他著作不少，但于今最有影响力的是一本叫作《辉格历史解释》(*The Whig Interpretation of History*, 1931)的小

---

① 此时有所谓的"剑桥五间谍"(Cambridge Five)。
② 与他们的牛津同仁命运不尽相同，前者终生任教于伦敦大学的博贝克(Birkbeck)学院，后者终生任教于爱丁堡大学。

书。此书在历史学上的重大价值,在于提醒学者省视自身的价值与立场,不要为合理化自己所处时代的立场,而将历史描述成一路往自己时代价值靠近的直线发展。这就是后来学界常引以为戒的"辉格式史观"。从学院的文体来说,此书属于史学的研究(historiography,也可以译为史学史),但因为整本书的工作在于将一种历史书写概念化,所以呈现了史学写作背后的"史家的思想"与"史学观念"。[1] 巴特菲尔德的学生波考克(J. G. A. Pocock,1924—2023),是 1950 年代之后史学史范式的思想史的代表性学者,他的博士论文《古代宪政与封建法》(*The Ancient Constitution and the Feudal Law*)后来于 1957 年出版。本书的研究主旨不在于研究或重构古代宪政与中世纪封建法规的样貌,而是讨论 17 世纪的政治人物与法学家如何构想古代宪政、人民、权利这些概念,从而参与或批评现实政治。正如这本书的副标题所言,波考克的研究对象,其实是 17 世纪精英阶层的历史意识或历史思想。[2] 波考克的史学史式思想史,显然是受到巴特菲尔德的影响而开花结果。波考克在 1974 年出版的《马基雅维利时刻》(*The Machiavellian Moment*)中,讲述西方现代共和主义的传统如何从意大利文艺复兴时期的马基雅维利渡过英吉

---

[1] Herbert Butterfield, *The Whig Interpretation of History* (1931; New York: N. N. Norton, 1965).

[2] J. G. A. Pocock, *The Ancient Constitution and the Feudal Law: A Study of the English Historical Thought in the Seventeenth Century* (Cambridge: Cambridge University Press, 1957; 2nd Edition 1987). 本书 1987 年的再版,加入了 18 世纪共和主义者的讨论,所以副标题应该加修正才是。

利海峡到达英格兰,在众多共和主义者尤其是哈林顿(James Harrington,1611—1677)的手上以另一种面貌影响着英国的政治地景;尔后又漂过大西洋,影响了北美的政治。此书主题是个有机的思想史的故事,是波考克影响比较深远的学术著作。虽然在本书中,以往的"波考克式的史学史思想史"风格似乎已不明显,但习惯以史学史轴线思考历史问题,使得波考克的著作几乎都有钩沉思想源流的特色,倾向从长时间的历史发展看问题,看历史的持续与变化。波考克晚年自承其学术底蕴是史学史,是以史学史的研究范式来研究历史上的政治思想,应该是夫子自道。① 波考克的(政治)思想史特色是注重不同时空或社会精英在讨论同一种政治意识形态时,如何发展出不同套叠的政治语言,历史学者的工作正是要找出社会与语言的关系——互为因果的关系。

波考克完成博士学位后,滞留剑桥的时间并不长。在20世纪五六十年代常驻于剑桥并对思想史研究有明显影响的教员应数拉斯利(Peter Laslett,1915—2001)以及佛布斯(Duncan Forbes,1922—1994)。拉斯利的学术重心是家庭史与人口史。在17世纪政治思想史中,属于国王派的菲尔默(Robert Filmer,1588—1653)就利用自然法与家庭中的父权来解释统治者与被统治者的关系。这个家庭议题

---

① J. G. A. Pocock, "On the Unglobality of Contexts: Cambridge Methods and the History of Political Thought," *Global Intellectual History*, 4:1 (2019), pp. 1-14, p. 2.

的联结，让拉斯利关注菲尔默以及革命派的洛克（John Locke，1632—1704）的档案与藏书。他透过剑桥历史系教授屈威廉的介绍得以接触藏在贵族家中的菲尔默的手稿，开启菲尔默研究的新页。① 后来拉斯利又接触到洛克的藏书并从中发现，洛克写作《政府论》（*Two Treatises of Government*）的时间是1683—1684年。在此之前，学界中有许多人认为洛克发表《政府论》目的在于事后合理化光荣革命（1688）。但拉斯利的发现让他相信，洛克的书写目的在于反驳菲尔默君权神授理论，鼓吹政治革命。拉斯利揭示了，研究政治哲学家的时候，寻找新史料的重要；对历史文献做基本的时序定位，可以获得对（政治）思想家的重新、正确的理解。② 而佛布斯则是位黑格尔专家，黑格尔与马克思的思想是他1960年代在剑桥的主要课程内容。

剑桥这几位思想史家都有一个共同的特色，就是对于"思想史"该怎么做，有非常自觉的反省与思考。③ 严格说来，拉斯利的方法启示是聚焦在知识（分子）史，也就是如何研究一位知识分子的学、想、行、作。他的方法强调

---

① Emile Perreau-Saussine, "Quentin Skinner in Context," *The Review of Politics*, 69:1(2007), pp. 106 – 122.
② Kari Palonen, *Quentin Skinner History, Politics, Rhetoric* (Cambridge: Polity Press, 2003), pp. 11 – 20. Peter Laslett, "The English Revolution and Locke's 'The Two Treatises of Government'" in *The Cambridge Historical Journal*, vol. 12. no. 1(1956), pp. 40 – 55.
③ 笔者刻意忽略另一位经常被波考克、斯金纳提及的同辈学者达恩（John Dunn，1940年生）。达恩也受到拉斯利的影响，强调研究政治理论必须同时注意人物在历史中的作用，也就是agents，用达恩自己的话说就是humans，而不能只分析抽象观念。不过相较于斯金纳，尤其是波考克，达恩的兴趣明显倾向于政治理论而非历史。John Dunn, "The Identity of the History of Ideas," *Philosophy* 43:164(1968), pp. 85 – 104.

新文献、新档案的重要以及对于写作时间的精确掌握。简单说，就是以历史学训练的基本方法来研究知识分子。他最有名的一句话应该是："政治哲学已死。"这话有剑桥人惯有的慧诘与挑衅，也反映出当时新兴社会学对政治哲学的挑战；不过，如果说死亡是历史的开始，那这句话就预示了史学工作者可以开始严肃思考，如何将政治哲学纳入历史研究了。波考克的研究对象虽然也是菁英阶层，但是他的写作更倾向以议题以及历史变迁为讨论对象，而不是以单一知识分子为核心。表面上看，波考克的文体与洛夫乔伊的观念史非常接近，都在处理观念的演变，但如果仔细阅读比较，就会发现波考克大量利用特定社会中的政治与经济条件，说明个别作家如何使用某个看似相同的观念的特殊之处。而洛夫乔伊，连同后来的英国观念史家以塞亚·伯林，都是在尽力分析、分疏不同作家使用相同观念时，这观念内部（哲学）意义的细致差别。所以读洛夫乔伊与以塞亚·伯林著作，我们可以发现某一观念在不同思想家身上的精微差异与随之而出的不同底蕴。相较于以塞亚·伯林，洛夫乔伊的写作更能体现不同时代的思想气氛，但思想气氛的不同，是因为观念组件的不同有以致之，而不涉及政治与社会条件。但阅读波考克，我们可以从社会变迁看出观念的不同作用，也可以从不同观念的使用，侧窥社会与时代的变迁。

　　无论是拉斯利还是波考克，都强调文献的重要，前者着重在新史料，后者着重在阅读文献的方法，而与1970年代以后的"文本方法论"有些交集。① 至于佛布斯的方法反省就比较不能与上述文本方法论的辩论预流。佛布斯对思想史的主要贡献可能是在实质的研究课题，尤其是在苏格兰启蒙研究领域上导其先河。他在1950年代连续发表几篇开创性的文章，分别处理几位重要的苏格兰思想家如休谟、亚当·斯密（Adam Smith，1723—1790）、詹姆士·米尔（James Mill，1773—1836）、约翰·米勒（John Millar，1735—1801）。这些人物在当时少有人关注，作为开创性的研究，佛布斯的贡献就是勾勒其思想特色。当然，佛布斯不只是整理排比这些人物的思想文本，他提出"科学的辉格""科学的怀疑主义"等概念来分析这几位思想家的思想特质，迄今回看，依然有相当的价值，只可惜继续此一诠释传统的人极少。② 对于开创性作者而言，写作的重点在于展示，而非反省自身或他人的方法。但是对于一个学界已经相当熟悉的主题，后来者想要在前人基础上做出超越性的贡献，就必须在文献上有所发现，或在方法上有所创新。作为一名黑格尔专家，佛布斯应该很习惯采取捍卫式的姿态，强调历史学者可以做出哲学史家所不能的贡献。

---

① 此处所谓文本方法论是指以斯金纳为核心的思想史研究方法的讨论。有关此论辩，下一节有比较详细的说明。波考克与拉斯利曾经有过知识上的交流。关于他们两人与斯金纳的私人友谊与学术交往可参考：Richard Whatmore, "Preface" to *The Machiavellian Moment* (Princeton: Princeton University Press, 2016), vii - xii。
② 他的学生尼古拉斯·菲利普森（Nicholas Phillipson，1937—2018）在1970年代晚期研究苏格兰启蒙思想时，曾经强调怀疑主义这个面向，并将此面相归诸社会阶层，认为休谟与史密斯代表中上阶级子弟对于当时政治环境的怀疑态度。但菲利普森后来的著作似乎又放弃了这条诠释主轴。

他在他最重要的研究——《休谟的哲学式政治》(*Hume's Philosophical Politics*, 1975)——中意有所指地说，哲学式的政治理论家习惯以现实关联的角度研究历史上重要的哲学思想，但从历史学者的角度来看，如果没有足够的细节，其实阅读者并不能观察出历史事件与当代之间有何关联性。[1] 佛布斯面对政治理论家时采取了防御式的立场与说辞，似乎急于说明史家也可以好好研究政治哲学（家）。佛布斯压抑式的声音大概与他黑格尔专家的身份有关，毕竟在黑格尔研究圈，哲学（史）家是压倒性的主流，他们觉得历史学者的研究就是为古代而古代，对于理解现实、解决现实问题没有帮助。[2]

昆汀·斯金纳应该是洛夫乔伊之后，对广义思想史方法论最热衷，也最有贡献的学者。斯金纳在大学时期主修历史与哲学，与拉斯利、佛布斯、波考克等人都有师生之谊。他的方法论文章明显同情拉、波两位学者。[3] 几乎与

---

[1] Duncan Forbes, "Introductory Preface," *Hume's Philosophical Politics* (Cambridge: Cambridge University Press, 1985), vii - xii.
[2] 或可参考 Stephen Houlgate, "Duncan Forbes, 1922 - 1994," *Hegel Bulletin*, 17(1), pp. 112 - 113。这是哲学家霍尔盖特 (Stephen Houlgate, 1954 年生) 追思佛布斯的短文，霍尔盖特公允地指出了佛布斯作为历史学者，和一般黑格尔哲学研究者的差异。
[3] 斯金纳对于佛布斯的方法论并不满意。菲利普森曾面告，斯金纳在求学期间评价佛布斯的讲课是"恐怖的失败"。我想这其中的关键在于，如果佛布斯要以脉络化的方法研究黑格尔，必然有相当的难度，因为这表示佛布斯必须对 18 世纪末到 19 世纪初德国的思想史、政治史、经济史、社会史、文化史有一定的掌握，才能让学生在阅读一页黑格尔文献时，有豁然开朗的理解。这对于讲授外国史的先生而言，要求不可谓不高。反观斯金纳一生都围绕 16 世纪西欧政治思想史与 17 世纪英格兰政治思想史展开，其历史知识的储备量不可同日而语。

伯林发表感叹英国观念史的落后同时，斯金纳于1969年发表了日后影响深远的《观念史中的意义与理解》（"Meaning and Understanding in the History of Ideas"）一文。① 与佛布斯的防御式说明不同，年轻的斯金纳以颇具侵略性的笔调，陈述哲学史家研究历史中的哲学（思想）的诸般缺陷。文中指出，许多哲学史家过度诠释特定或经典文本（text），而忽略了同一作者的其他文本，以及作者所要批评的对象所写的文本。他称这个多文本的分析为脉络（contexts）。斯金纳的知识史方法因此被称为脉络主义。斯金纳自陈此文被一些老牌学报拒绝刊登，最后在1960年创刊的《历史与理论》（*History and Theory*）上发表。过了20年，也就是1988年，他的学生塔利（James Tully，1946年生）将此文以及斯金纳其他四篇谈论理解文本与研究知识史的文章收录于《意义与脉络：昆汀·斯金纳及其批评者》（*Meaning and Context: Quentin Skinner and His Critics*）一书，此文至此成为一个时代的经典。② 一篇学术

---

① 根据斯金纳自述，此文写于1966—1967年间，也就是伯林在感慨英国观念史与知识史的贫瘠之时。但文章初成时找不到地方发表，最后于1969年落脚于新创立的学报 *History and Theory*。笔者揣测，此文之所以不受当时几份重要学报青睐，原因应包括思想史方法论本来就不是史学界的主流。此外，从史学的一般见解来看，斯金纳强调的历史主义或许会被认为是老生常谈。但这篇文章之所以后来成为重要文献，是因为它不再只是被放在史学圈内思考，而流溢到哲学、政治学等领域，成为跨学科对话的桥梁或断桥。可参考斯金纳访谈：Teresa M Bejan, "Quentin Skinner on Meaning and Method," *Art of Theory* (Nov., 2011), p. 3.
② James Tully (ed.), *Meaning and Context: Quentin Skinner and His Critics* (Princeton: Princeton University Press, 1988). 值得注意的是，正如他在1969年将矛头对准哲学史家一般，本书所录批评者几乎清一色都是哲学（史）家。2021年7月7—8日，英国学术院（British Academy）（转下页）

文章如何从到处碰壁到后来成为现代最重要的方法论文献之一，显然值得从知识社会学角度加以考察。斯金纳这篇少作——当时未满 29 岁——出版之初应该没有立即产生影响。直到他 38 岁，出版《现代政治思想的基础》(*Foundation of Modern Political Thought*)，并随后成为剑桥大学正教授之后，其影响力才逐渐释放出来。首先是他于 1980 年代初在剑桥大学出版社创立"脉络中的观念"（Ideas in Context）书系，并于几年后再创立"剑桥政治思想史文本"（Cambridge Texts in the History of Political Thought）书系。透过剑桥出版社，他可以鼓励（审查）符合其学术品味的著作。1988 年《意义与脉络》出版，斯金纳式的知识史得到了制度的加持而发挥更远也更长久的影响。不过，虽然这些出版与学术权力因素对知识史的推动有极大助益，但斯金纳的文章及事业之所以终成江河，与斯金纳将文章设定为对哲学家书写政治思想的反省，并为史学家大张其本有关。早慧的斯金纳在 1960 年代大学毕业就被留在剑桥历史系担任讲师，一度在普林斯顿高等研究院任职。1978 年从美国回来后担任剑桥的政治科学（political science）教授，1980 年代末成为历史学钦定讲座教授。综观斯金纳的方法论，其实是以较诸佛布斯，以更为积极、开放，也更

（接上页）举行两天的视频会议，邀请各方学者发表他们对斯金纳在 1969 年发表的 "Meaning and Understanding" 的反省与批评。截至此一视频会议之前，此文已经被引用超过 3000 次。"Quentin Skinner's 'Meaning and Understanding' After 50 Years: Interdisciplinary Perspectives," British Academy Online Conference, 7–8 July 2021.

五　英语世界的"思想史"发展

为挑衅的方式为历史学确定学术价值,犹如当年的兰克之于黑格尔。① 但因为哲学史家的回应,使得斯金纳成为史学、政治哲学(史)与哲学(史)都会关注的学者,也是少数历史学界里能持续吸引哲学系、政治学系、文学(批评)系的学生从学的学位导师。

斯金纳的方法论所涉层面相当广,从修辞学、诠释学到语言学都有所关联。尤其他认为历史研究不应该以"字词史"(history of words)而应该以行动者,也就是历史人物掌握何种概念(concept)为叙述的中心,借此理解历史人物的行动意义,值得从事跨文化研究者注意。② 不过,1969年面世,后来成为经典文章的《观念史中的意义与理解》其实是一篇有破而少立的论著。其所要破者,大抵有七端:一、我们不该假设作者有系统性的理念或教义;二、我们不该假设作者写作与论点一定有完整性与一致性;三、不能假设历史上的作者预示了未来的思想走向或历史;四、研究者不能只分析文本,就文本本身来重建作者的思想;五、不能纯粹从社会经济的背景来解释文本与作者的思想;六、不能或不必强要说明谁被谁的思想所影响;七、不应该假设文本里有永恒的问题。我们可以将这

---

① Quentin Skinner, "A Reply to my Critics," James Tully, *Meaning and Context: Quentin Skinner and His Critics*, pp. 231–288.
② Quentin Skinner, "Language and Social Change," in *Meaning and Context: Quentin Skinner and His Critics*, pp. 119–132. 此文是针对文学批评大家威廉斯(Raymond Williams, 1921—1988)的著作《关键词》(*Keywords: A Vocabulary of Culture and Society*, London: Croom Helm, 1976)所做的批评。

篇文章视为方法论的严格主义。毕竟，忠于史实是所有史家秉持的基本信条，但是思想史牵涉文本的诠释，对于古人的用词，有时难免会出现不同见解，导致不同的历史解释。清代乾嘉学者强调"训诂明而义理明"，西方从狄尔泰、施莱尔马赫（Friedrich Schleiermacher，1768—1834）等人以降发展诠释学，目的都在解决古代文本阅读的障碍与困难，反证了思想文献阅读的不易与歧义的普遍。斯金纳之所以可以宣示这些严格的、清教徒式的思想史方法，与他擅长分析知识分子的书写，尤其是单一作家的历史有关。① 如果一名学者致力于讲述长时间的价值或观念演变，或思想的故事，他就不得不冒着更大的诠释风险，因为他必须试图在跨作家、跨时间的众多文本中，找出共同的主题、语言、源流、关怀、情感等等课题。既然每位历史人物使用文字的习惯、为人处事的风格不同，又加上史料永远不足，如何透过有限史料勾连出这些人物的共同关怀与意向，又从中分析出差异，绝对不是容易的事。斯金纳的方法论设定了许多路障，希望研究者不要蹈入诠释陷阱，这种谨慎态度完全可以理解，但这也同时说明了，为何学养如此丰富的斯金纳并未真正写过跨文化、跨族群的

---

① 自从1978年发表《现代政治思想的基础》，斯金纳的学术工作几乎集中于17世纪英格兰政治思想，其中又以霍布斯为主要研究对象。即便是《现代政治思想的基础》也是以个别思想家为纲的合辑，而不是以观念或议题为纲目的通史著作。斯金纳如何评价综论性的思想史通史，着实令人好奇。Quentin Skinner, *Foundation of Modern Political Thought* (Cambridge: Cambridge University Press, 1978).

思想史。① 无论如何，因为斯金纳的努力与影响，英国知识（分子）史（intellectual history）成为当代研究意识形态、价值、政治态度、世界观、道德理念等等课题的全球重镇，但其中其实充满了方法论的紧张关系。

除了巴特菲尔德、拉斯利、波考克、斯金纳等人这一条传统，剑桥在 20 世纪五六十年代还有一位 18 世纪教授普勒姆（J. H. Plumb，1911—2001）。普勒姆本人不能算是观念史或思想史学者，但是他的政治史研究却与当时反对观念分析的纳米尔（Lewis Namier，1888—1960）形成鲜明对比。纳米尔认为，英国两党政治的特色与辉格党或托利党的政治意识形态关系不大。两党议员在个别议案上的协调、妥协、合作、对抗，才是英国政治的本质。换言之，政治理念、价值、意识形态不是分析或理解英国政治社会的关键。② 普勒姆虽然不从事狭义的政治思想史研究，但他对于纳米尔完全取消政党原则来解释英国政治的做法深不以为然。斯金纳、菲利普森等人都曾经是他课堂上的学生。他所指导的学生有多位都成了 18 世纪研究的重要学者，包括研究主题多变、以消费史闻名的布鲁尔（John

---

① 剑桥大学出版社在 20 世纪八九十年代陆续出版"国族脉络"书系，包括《国族脉络下的启蒙运动》（*The Enlightenment in National Context*，1981）、《国族脉络下的宗教改革》（*The Reformation in National Context*，1994）、《国族脉络下的文艺复兴》（*The Renaissance in National Context*，1991）等等。"国族脉络"系列应该是受斯金纳史学影响。虽然这些书都是很好的学术作品，其中有许多经典文章，但是它们在单一国族内的精细分析，是以割裂欧洲的互动与交流为代价的。

② 可参考 Lewis Namier, *The Structure of Politics at the Accession of George III* (New York: Palgrave Macmillan, 1978)。本书最早出版于 1929 年。

Brewer，1947年生），英国史畅销史家，以《公民》(*Citizens: A Chronicle of the French Revolution*，1989)、《富庶的窘境》(*The Embarrassment of Riches: an Interpretation of Dutch Culture in the Golden Age*，1987) 闻名的沙玛（Simon Schama，1945年生），英年早逝的著名科学史与医疗史家波特（Roy Porter，1946—2002），以及思想史家布罗（John Burrow，1935—2009）。布罗的研究重点在19世纪英国史学思想以及欧洲思想，著有《演化与社会》(*Evolution and Society: A Study in Victorian Social Theory*，1966)、《自由的后代：维多利亚史家与英格兰的过去》(*A Liberal Descent: Victorian Historians and the English Past*，1981)、《辉格与自由派》(*Whigs and Liberals: Continuity and Change in English Political Thought*，1985)、《思维的危机》(*The Crisis of Reason: European Thought, 1848—1914*，2000) 等书。布罗的主要目的在于反对巴特菲尔德对辉格历史解释的论断。如前所述，巴特菲尔德认为辉格历史观以后世或现代人的价值观来理解古人的思想与行为，造成时代错置与对古人的误解。此一提醒固然重要，也的确在波考克的研究以及斯金纳的方法论中得到回响。但这也造成一个意想不到的后果，亦即使得19世纪的历史学与历史思想蒙上了一层阴影，好像这些"辉格派史家"带有原罪，不值得被看重、被研究。布罗研究的主要目的，就是想重新发掘英格兰19世纪史家的贡献与意义。他当然有他的道理，因为历史研究的基本体认是，历史研究并不排斥任何对象，只有更看重特定对象。兰克说："所有时代都从上帝之处紧接而来，其价值不来自它的后续结果，而来自其存在（过），来自它自身。"兰克说这话，目的是要批驳黑格尔的观点。黑格尔认为历史是逐次（螺旋式）的向上发展，这话隐含的意思是，前一时代只是为了后面更高阶段的准备，前代只是后代的工具。这就是巴特菲尔德所谓的辉格史观。但吊诡的是，根据巴特菲尔德的历史主义，每一时代都因为其存在而自显价值，那么辉格史家当然值得后世史家认真对待，对他们进行"无偏的"研究；所以，我们需要以历史主义的态度，研究辉格主义的史学！

正如其他许多从事思想史研究的专业学者，布罗并没有太多关于如何研究观念史或知识史的方法论文字。也因此，虽然他与柯里尼（Stefan Collini，1947年生）、温奇（Donald Winch，1935—2017）等人在1980年代于萨塞克斯大学（University of Sussex）成立了可能是英国第一个思想史研究中心，但影响力远远不如以剑桥为基地的政治思想史学者们。即便如此，英国现代思想史的复线发展仍值得关注。

2004年，剑桥出版社支持成立学报《现代思想史》（*Modern Intellectual History*）。无论是《现代思想史》还是历史更悠久的《观念史学报》，多数论文都还是以某位思想家为分析对象，所以从严格意义来说，《现代思想史》应该称之为《现代知识史》。稍微不同之处在于《观念史学报》的研究对象比较多是哲学史里的大人物，而且不排斥着重于文本分析的论文。而《现代思想史》的研究对象取材较为广泛，尤其是在空间上，并不限于欧洲。相较之下，投稿人也比较自觉地不以思想家的作品与文本分析为满足，且触及主角的生存环境以及与其他思想家之间的对话关系。换言之，今日英语学界使用 intellectual history 一词时，已经不单指知识分子研究，而是指广义的知识活动的历史。从此一特色而言，我们认为以"现代思想史"来翻译 modern intellectual history，算是符合中文学界对于思想史的一般理解。正如今日有许多大学成立思想史研究中心（Center of Intellectual History），其实践者与研究主题、方法，都不限于知识史，而是更为广泛、一般性的知识分子行谊、知识活动和书写；各类文类作家的重要观念、价值与政治、社会互动的过程与结果。总之，在西方，尤其是英语世界，所谓 intellectual history 已经不局限于研究个别知识分子，更研究围绕着具有历史意义的知识分子所开展出来的知识、价值、观念、世界态度等课题。所以将之理解、翻译为思想史，应无不洽之处。①

---

① 时至今日，英国至少已有萨塞克斯大学、伦敦大学、剑桥大学、牛津大学、圣安德鲁斯大学、爱丁堡大学等六校设有思想史研究中心。其中圣安德鲁斯大学甚至将其单位称为"思想史研究所"（Institute of Intellectual History），展现更大的决心与企图。

六

史料、时代与思想史
——从斯金纳思想史讲起

以上我们稍微交代了英语世界思想史的发展。以下我们将从英语世界的思想史实作经验来反省思想史研究应该注意的几个课题，包括史料与体例。既然思想史是史学的一支，其对史料的态度，当然是不弃细壤，尽可能搜罗各类材料如影音、图像、考古遗物、碑铭、帖式、器物等等。但是文字书写，尤其是知识分子的出版品、手稿、日记占有极为关键与核心的地位，则是毋庸置疑的事实。这就是1970年代初，斯金纳针对文本主义提出批评的原因。文本是关键，但什么是文本，如何理解文本，如何透过对文本的理解而发现历史，则是历史学者的天职。

斯金纳针对哲学史家的方法论争辩大大提高了史学界研究历史中的观念或哲学家文本的正当性与能见度。他公开宣称其论敌为文本主义的哲学史与观念史研究。这让人直觉认为他的主要批评对象为洛夫乔伊。诚如前述，洛夫乔伊的观念史其实同意，同一种观念在不同时代中会呈现出不同的样态，其着重点也会有所不同，进而代表不同的历史意义。事实上，洛夫乔伊的研究具有相当浓郁的"历史",只是他的历史是观念流变为中心的历史。相较之下,斯金纳更强调创造或使用观念的人,是以作者为中心开展出来的知识活动史,尤其关注其知识活动与当时政治生活的关系。当然,洛夫乔伊依旧保有哲学家的知识习惯,就是会评价历史人物思考与写作的优劣缺点。例如他认为莱布尼兹在建构人类的"充足理性"(sufficient reason)的原则时,经常缺少一位哲学家应有的精确与一致。[1] 斯金纳认为,传统哲学史家常常刻意将历史人物的思想解释成一套系统,甚至前后一致的完善系统,这是一项诠释方法的错误。据此,斯金纳应该会不同意用后代的或貌似"客观的"哲学标准来评价历史人物。此外也有学者认为,其实斯金纳没有特别挑明的主要论敌是列奥·施特劳斯(Leo Strauss,1899—1973)。[2] 列奥·施特劳斯的哲学史兴趣主要在于希腊古典哲学,尤其是亚里士多德(Aristotle,前384—前322)。这位逃避纳粹政权而远走英国,并在英国左派政治学者拉斯基(Harold Laski,1893—1950)的推荐下西走美国的政治学者长于描述历史上伟大哲学家的思考风格。[3] 他也同时非常强调现代人可以从古代人的知识与

---

[1] Arthur Lovejoy, *The Great Chain of Being* (1936; Cambridge, Mass., Harvard University Press, 1978), pp. 145 – 146. 17 世纪后半叶之后,许多欧洲作家开始倡议人类具有"充足理性",所以可以透过对宇宙万物的观察与分析而了解世界秩序。
[2] Rafael Major, "Cambridge School and Leo Strauss: Text and Context in American Political Science," *Political Research Quarterly*, 58: 3 (2005), pp. 377 – 485.
[3] Leo Strauss, *Natural Right and History* (Chicago: Chicago University Press, 1965).

智慧得到启示。他认为，那些相信历史主义、"崇古主义"的历史学者无法真正了解古代思想，因为对他们而言，古人只是书写对象，而不是学习对象。他认为要理解古人思想，第一要能读出古人字里行间的深意，古人不与俗见同流却又无法直白表述的见解；第二要避免以后见之明来评价古人思想。① 列奥·施特劳斯并不是真正反对评价古人，只是评判标准不能是一时一地的标准，而必须是"真正的标准"（true standard）。斯金纳对这两种方法都颇有微词。他说，以为反复诵读经典就可以更了解作者原意，或研究应该读出作者的言外之意，都是很危险的方法。他更直接地批评道，以"真正的标准"来批评历史人物，例如说马基雅维利"不道德且无信仰"，是非常危险的做法，"只有放弃这种研究典范，历史的理解才有可能"②。虽然列奥·施特劳斯避开了辉格主义的偏见，却可能有真理傲慢的危险，相信有一种超越或历久弥新的观点或价值可以用来衡量古今人物。列奥·施特劳斯很明显是以哲学家的立场来阅读古人，所以不排斥判教。斯金纳不反对现代人可以学习古代人的智慧，但其方法既不是想象与他们站在同一视野（水平），也不是站在后见之明的观点上，而是"进入"作者的多文本世界，理解其企图与想法；这显然是更接近

---

① Michael P. Zuckert & Catherine H. Zuckert, *Leo Strauss and the Problem of Political Philosophy* (Chicago: Chicago University Press, 2014), pp. 201 - 202.
② Quentin Skinner, *Visions of Politics* (3 vols; Cambridge: Cambridge University Press, 2002), vol. 1, p. 64.

历史学者对研究与历史人物的态度。

斯金纳本人始终以历史学者自称，却同时担任剑桥大学政治科学的教授，多少反映了英国学术传统中有强烈的历史学思维，也就是习惯从过去的遗产，从长时间演变来看问题，例如研究宪政习惯从宪政史、研究宗教习惯从宗教史来理解研究对象。但斯金纳之所以能在20世纪70年代为英国思想史研究开辟一条道路，从哲学史家身边取得学术身份，更关键的原因可能是斯金纳掌握多种学术语言，能够精细地展现历史学者如何研究政治哲学与理论。例如他从观念论哲学史家柯林武德那儿学到画家或作者一定有个意向（intention），从语言学家奥斯汀（John L. Austin，1911—1960）以及塞尔（John Searle，1932年生）那儿借来"语言的意向或力量"（illocutionary force）来说明他的思想史学特色——将文本作者视为行动者，理解他"在做什么"，从人类学家格尔茨（Clifford Geertz，1926—2006）的理论来说明国家理论预设的危险，等等。尽管斯金纳的方法论非常精彩，令人着迷，但是其方法论的核心观念或许可以简述如下：我们不能只读作者的代表性文本，而必须广读作者的所有文本，及其同时代作家的文本。我们不能试图从代表性文本建构出作者的理论，而必须找出作者众多文本中的众多声音，具体了解作者在特定情况下书写时想要做什么、想要反对什么（理论、价值、政治语言）、想要倡议什么。斯金纳称上述分析与理解方法为"脉络式分析"（contextual analysis），反对只针对单一或代表性著作进行精读的"文本式分析"(textual analysis)。①

诚如前述,斯金纳的方法论都是针对哲学史家而发——至少在表面的行文策略是如此设定。的确,许多哲学史家的霍布斯(Thomas Hobbes,1588—1679)研究都只针对《利维坦》(*Leviathan*,1651)一书,较少及于《论公民》(*De Cive*,1642)、《论物体》(*De Corpere*,1655)、《论人》(*De Homine*,1658)等著作,更遑论搜罗、分析霍布斯的书信。② 许多社会科学家讨论弗格森(Adam Ferguson,1723—1816)都只看重他的《文明社会史论》(*An Essay on the History of Civil Society*,1767),而对他的历史著作《罗马共和进展与终结的历史》(*The History of the Progress and Termination of the Roman Republic*,1783)、《道德与政治学的原则》(*Principles of Moral and Political Science*,1792)以及手稿,少有注意;甚至只看

---

① 诚如拉卡普拉(Dominick LaCapra,1939年生)所言,文本、作者、读者、诠释、社会条件等等之间的关系比起斯金纳此处所论要复杂许多。拉卡普拉从"作者意图与文本""作者生平与文本""社会与文本""文化与文本的关系""某分析文本与作者其他文本"等五个层面来分析文本的意义。拉卡普拉的分析有其道理,但其实斯金纳的方法论并不会不承认这些关系的重要。本书认为,不同学术取向就会关注不同的学术课题,从而强调文本的不同面向。例如哲学家、哲学史家、思想史学者、政治史学者、文化史学者在谈论托马斯·莫尔(Thomas More,1478—1535)的"小说"《乌托邦》(*Utopia*,1516)时,肯定会有极为不同的表现方法。Dominick LaCapra, "Rethinking Intellectual History and Reading Texts," in Dominick LaCapra, *Rethinking Intellectual History* (Ithaca: Cornell University Press, 1983), pp. 23 - 71.
② Noel Malcom, *Correspondence of Thomas Hobbes* (2 vols; Oxford: Oxford University Press, 1994). Noel Malcolm and Mikko Tolonen, "The Correspondence of Thomas Hobbes: Some New Items," in *The Historical Journal*, 51,2(2008), pp. 381 - 395.

重弗格森的世俗思想，而对其长老教牧师的背景与神学思想不甚措意。反之，历史学者在研究大思想家时，不足之处在于对思想家所使用的特殊概念，尤其是认识论、形上学内涵的掌握，容易感到左右支绌；许多历史学者在讨论思想人物时，容易流于书目介绍、排比出版消息、师友交往等资讯，而对其思想或观念少有实质内容的分析与说明。即便如此，极少历史学者会相信，单从一两本经典著作就可以完整地说明历史人物的思想。①

对于史料的态度是思想史家与其他同样研究历史中的观念、价值、意识形态的学者如哲学史家、政治学者、社会学家、法学家等等有所区隔的主因。思想史家先是一位历史学者而后才成为思想史学者，而历史学者的基本职业信条是：竭尽所能阅读所有一手材料并忠于史实。② 实践上，史学工作者很习惯地想要搜罗所有与研究主题相关的史料。一听见何处有其研究课题相关的一手史料、手稿，史家必然会喜出望外，恨不得立刻目睹，原因当然不是他有史料癖，也未必是因为他认为所有史料都会对研究产生直接益处，而是一种知识习惯与职业本分——历史学的训

---

① 从出版与交往讯息来理解过往的思想史课题，是近几十年文化史的特色。最著名，也可能是最成功的例子是 Robert Darnton, *The Business of Enlightenment: Publishing History of Encyclopèdie* (MA., Harvard University Press, 1979)。
② 一手资料与二手资料这个史料学概念也是从兰克时代发展而来。现代学术有逐渐放弃这分别的倾向，例如现在许多学术论文的征引文献说明已经不再以此二分，而是全部按作者姓氏排列。究竟此一新习惯长久以往会对史学训练发生何种影响，恐怕是制定新规则的人所不及思考的。中国古人讲"道器"，认为"器"的使用或实践会影响"道"的致达与否，或许的确是如此。

练就像合格的法官，会希望律师、检察官、证人将所有的证据提到庭上供其检视、斟酌，以利重建案情发生的动机、过程、伤害与结果。[①] 例如，新康德主义哲学家罗尔斯（John Rawls，1921—2002）未必会对康德的生平或对新出土的康德书信感兴趣，因为他的研究课题——例如康德如何理解正义——与康德本人的生活史之间的关系微小到可以不予考虑。他甚至可以不用理会康德如何从卢梭、休谟等处建立起自己对于人性的看法，因为康德如何理解前代与同时代人的思想，固然是康德建构其政治哲学的过程与环节，但罗尔斯这类哲学（史）家所要的只是结果，也就是康德本人著作所呈现的结论。甚至，如果不是受到学术伦理的约束，作为一名哲学家，罗尔斯甚至无须提及康德之名，只要陈述自己的政治哲学观点即可——虽然大家都知道，一名哲学家的思考与观点一定与前代或同代某些哲学家的思想有密切、紧要的对话关系。

不同学科必然各有其最核心的关怀与方法，因而发展出不同的信条；学科之间的核心关怀、方法、信条必然存在着本质差异——否则无须另立学科。郭沫若曾经告诉他

[①] 史家与法官之间的可比较性不是新鲜的话题。但是近几十年，史学研究者越来越不时兴，甚至不相信史家可以判断历史（人物）的功过是非。史家金茨堡（Carlo Ginzburg，1939 年生）曾经出版《法官与史家》（*The Judge and the Historian*，1999）一书，详证此二者之间的关系以及同样的伦理与操守的要求。Carlo Ginzburg, translated by Anthony Shugaar, *The Judge and the Historian: Marginal Notes on a Late-Twentieth-Century Miscarriage of Justice* (London: Verso, 2002). 当然，金茨堡写作的动机是受到友人、政治异议分子苏弗利（Andriano Sofri，1942 年生）被控谋杀警察并于 2000 定谳的刺激。金茨堡以其研究猎巫史与宗教裁判所的经验，分析法官与史家的职业伦理。

的同僚，要在"史料占有上超越陈寅恪"。如果这句话不仅仅是出于争胜心理，那就说明郭沫若是以史学家的态度来构想他及其同僚的学术事业。一名哲学家、社会（科）学家、人类学家都不会，也无须与人争史料占有。

虽然思想史家注重史料的全面搜集，但他们对于史料的使用却遵循一定的方法，例如时间的顺序与接近性。王阳明在1506年因为得罪宦官刘瑾而被贬到贵州龙场当驿丞，1508年，提出"知行合一"的心学。因此这段个人遭遇以及贵州的环境，就成为历史工作者讨论阳明思想的线索与因素。美国心理学家埃里克森（Eric Erikson, 1902—1994）曾经写过一本畅销书《青年路德》（*Young Martin Luther: A Study in Psychoanalysis and History*, 1958），书中主旨认为，马丁·路德这位与王阳明同时代的德国神学家之所以敢在1517年向当时连神圣罗马帝国皇帝都不敢招惹的教皇公开宣战，提出"九十五条论纲"（Ninety-Five Theses），批评罗马教会的不当措施以及对神学的误解，缘于他小时候遭遇雷击的生命经验。埃里克森的论点可能很引人入胜，但一般历史学工作者不会将年代隔得如此久远的生命经验拿来解释主人翁的思想或态度。反之，研究宗教改革的学者多半会同意与路德同时代的荷兰学者伊拉斯谟（Erasmus of Rotterdam, 1466—1536）对教会制度与神学的批评，是触发路德采取激烈手段抗议的重要原因之一。所以欧洲流传一句俗谚："伊拉斯谟下了颗蛋，却是路德孵了它。"王阳明与路德的例子，都说明了思想史工作者在爬梳影响人物的思想发展与变化的线索时，会采取全面的思考，但也会受限于史学因果律——对于心理学家所相信的发展心理学或创伤症候等学说，历史学者毋宁采取姑且听之的态度，但不会用以解释历史人物的思想变化或人格形成。

同样地，相较于其他学科，历史学更专注于时间与时代变化。此处的时间指的是文化时间而非自然时间。从另一个角度讲，文化时间就是历史的刻度，历史（变化）就是由一连串的文化时间所组成。文化时间可以是君主统治年号如"乔治一世"（George I，1660—1727，1714—1727在位），可以是历史学者用以表现时代特征的断代如"文艺复兴时期"（the Renaissance）或霍布斯鲍姆所说的"革命的年代"（the Age of Revolution）。因此，所谓思想史家，就是以观念、价值之变化为主要素材，刻铸文化时间，书写历史的人。

有些社会学家、文化批评家对其研究课题或对象在不同时空中的意义，具有高度的兴趣与关注。例如卡尔·马克思（Karl Marx，1818—1883）、马克斯·韦伯（Max Weber，1864—1920）、波兰尼（Michael Polanyi，1891—1976）等，都曾经对社会变迁提出宏观的见解与解释。他们的著作兼具理论兴趣、宏观视野以及历史课题的关怀，于是被称为"历史社会学"（historical sociology）——此中"历史"之谓，表示社会变迁此一主题在其学术思考中具有重要地位。与思想史较为相关的社会理论家与文化批评家可以福柯（Michel Foucault，1926—1984）为代表。其著作《疯癫与文明：理性时代的疯癫》(*Folie et Déraison: Histoire de la folie à l'âge classique*，1961)、《规训与惩罚：监狱的诞生》(*Surveiller et punir: Naissance de la prison*，1975)、《性经验史》(*Histoire de la sexualité I: La volonté de savoir*，1976)、《知识考古学》(*L'archéologie du savoir*，1969) 等书曾在美国知识界与学界发生极大影响力。福柯在多数作品中反复提醒人们，社会（建置）中权力的存在超出人们朴素的觉察，甚至是无所不在。权力阶级对于弱势阶级的宰制同样具有超出人们平日意识所能察知的渗透力。福柯的洞见无疑是划时代的声音，自此之后，知识人丧失了纯真与浪漫，凡事不忘分析权力关系，骎骎然相信人的关系就是权力的关系。① 与法兰克福学派理论家如阿多诺一样，福柯认为从西欧发展出来的"启蒙""现代性""理性主义"基本指的都是同一件事：西欧社会开始出现社会控制个体自由、理性控制情感的时刻。福柯认为，我们可以透过对"论述"（discourse，或译"言说"）的分析，揭示启蒙或现代性对人（性）的控制或统治。

福柯发明了"知识考古学"（L'archéologie du savoir）的概念来描述他自己研究人们陈述价值、意识形态、观念

---

① "无所不在的权力，不是因为它有神通可以在它无懈可击的完整性中确认所有事，而是因为它产生于每一时，每一处；或者，产生于所有关系中的每一点。……权力无所不在，倒不是因为它包覆所有事，而是因为它来自四面八方。" Michel Foucault, translated by Robert Hurley, *The History of Sexuality: Volume I: An Introduction* (New York: Vintage Books, 1980), p. 93.

的方法。《知识考古学》出版于1969年，与伯林、斯金纳几篇谈论思想史的著作几乎同时，说明它们之间应该不存在着明显的对话，却代表了广义思想史在1970年代前后生机勃勃的景象。福柯的著作继承了法国人笛卡尔式（Cartesian）的抽象思维习惯、捏塑揉作语言的能力，以及偶摭诗意文句的冲动，使得这本表面上谈论思想史方法的著作相当难理解。① 不过对历史学研究者而言，福柯的著作比较吸引人的地方应该是他如何理解历史，例如如何描述、再现"现代"与"前现代"这些历史概念。②

福柯在《性经验史》中认为，西欧进入17世纪之后，资本主义出现，布尔乔亚阶级兴起，人们因此一方面开始

---

① 福柯说，他不企图诠释论述，不企图寻找论述的源头，不企图探究论述所生产的环境。他的论述研究里没有文献（documents），只有纪念碑（monuments）。文献是被用来说明或证明某物的纪录——换言之，文献本身不是研究的终点，只是组成结论的部分材料。反之，纪念碑本身就足以说明自己。福柯说，知识考古学"差不多就是重写的意思"。所谓重写，就是"在被保存下来的外在形式中"对已经被书写的东西进行有规范的形状改变"。他总结道，论述研究或观念史研究就只是"论述对象的系统性描述"。相对于洛夫乔伊注重时代精神，斯金纳注重脉络与诠释，福柯对于观念史的研究旨趣的描述，竟然与兰克对于史学研究使命的描述惊人地相似。事实上，我们很难确认福柯所谓的"只是重写"是什么意思，至少他本人的著作，都不是一般意义下的重写。再者，尽管福柯的用法只是譬喻性的，但对历史研究者而言，文献与纪念碑的性质并无不同，都是被用来说明历史问题或建构历史图像的材料。Michel Foucault, trans. by A. M. Sheridan Smith, *The Archaeology of Knowledge* (New York: Pantheon Books, 1972), pp. 139-140. 福柯在使用文献、纪念碑，或"著作"（oeuvre）、"论述"等词都是在他特殊的认识论（episteme）脉络中的特殊用法，其限定意义与历史学工作者一般的语言理解很不相同。
② 与法兰克福学派理论家如阿多诺一样，福柯认为18世纪所出现的"启蒙""现代性""理性主义"基本上都是同一件事，是西欧社会开始出现社会控制个体自由、理性控制情感的时刻。福柯认为，我们可以透过对"论述"（discourses）的分析，暴露启蒙或现代性对人（性）的控制或统治。

大量生产有关性的论述，另一方面压抑有关性的表达。福柯的意思是说，他眼中矜持的欧洲"维多利亚时代人"一方面耻于谈性，却又同时在经济、教育、医学、法律正义、分配等各个领域无止境地谈性。相较之下，17世纪之前的欧洲人大方谈性（事），而17世纪之后，欧洲人成了伪善者。① 福柯说，相较于布尔乔亚阶级的伪善，此前有关性的论述充满"粗鄙""淫秽""不雅"。② 或许福柯在谈"粗鄙""淫秽""不雅"时心中想到的是"拉伯雷（François Rabelais，1493—1553）的世界"。16世纪的法国作家拉伯雷在其著名小说《巨人传》（*La vie de Gargantua et de Pantagruel*）中描述主人翁"高康大"（Gargantua）及其儿子（另一位主人翁）"庞大固埃"（Pantagruel）如何动不动就谈到生殖器，如何在公开场所撒屎撒尿而不避。这本小说甫出版就被列为禁书，为当时的教会所不容。易言之，福柯所说的布尔乔亚性压抑虽然大体无误，但宗教所扮演的力量或许不下于市民社会的规范力量。欧洲对于性的态度在现代早期出现明显变化，应是事实。埃利亚斯（Norbert Elias，1897—1990）的名著《文明的进程》（*Über den Prozeß der Zivilisation. Soziogenetische und psychogenetische Untersuchungen*，1939）认为，文明是人类羞耻感的内化与提升，使得人们对不文明之物感到羞耻、恶心、排斥。这

---

① Michel Foucault, trans. by A. M. Sheridan Smith, *The Archaeology of Knowledge* (New York: Pantheon Books, 1972), pp. 32 ff.
② Michel Foucault, trans. by A. M. Sheridan Smith, *The Archaeology of Knowledge*, p. 3.

个过程大概从法国路易十四的时代（17世纪下半叶）开始明显加速。① 福柯接受了埃利亚斯的观察与结论，只是用不同的态度来对待文明化——文明就是规训。②

值得一提的是，业余史家阿利埃斯（Philippe Ariès，1914—1984）是另一位影响福柯的史家。阿利埃斯最有名的著作应该是《旧制度下的儿童和家庭生活》（*L'Enfant et la Vie Familiale sous l'Ancien Régime*，1960）以及《死亡之前的人》（*L'Homme devant la mort*，1977，或译为《临终者》）。阿利埃斯也是属于擅长描绘时代的作家，他认为欧洲在不同时期对于死亡有着截然不同的态度，例如在中世纪时期人们与死亡间有种日常的熟悉感——因为早夭、疾病各种因素使得死亡并不罕见，并且安葬在城镇或村落中心的教会墓地更让死亡显得亲近。到了现代早期人们开始出现对死亡的抗拒，一如人们对于自然想要控制一般；于是死亡开始陌生化了。到了19世纪，在浪漫主义的影响下，欧洲人对死亡表现出个人化的强烈情感与哀悼。阿利埃斯擅长综合、描绘长时间、各时代中芸芸众生对于事物的特定态度及其反应的价值系统与信念，人们开始将他与费弗尔（Lucien Febvre，1878—1956）、布洛赫（Marc

---

① Norbert Elias, trans. by Edmund Jephcott, *The Civilizing Process: Sociogenetic and Psychogenetic Investigations* (Oxford: Blackwell, 1994). 中译版为王佩莉、袁志英译，《文明的进程：文明的社会起源和心理起源的研究》（上海：上海译文出版社，2009）。
② 规训或许可参考 Robert van Krieken, "The organization of the soul: Elias and Foucault on discipline and the self," *European Journal of Sociology*, XXXI (1990), pp. 353-371。

Bloch，1886—1944）、杜比（Georges Duby，1919—1996）勒高夫（Jacques Le Goff，1924—2014）以及其他一些人的作品命名为"心态史"（l'histoire des mentalités），成为法国20世纪下半叶最有代表性的历史写作类型。与英国思想史形成对比的是，心态史的分析对象是以平民百姓，而非菁英或重要知识分子为主，其史（材）料多半来自教会、修道院受洗、人口、纳税相关档案以及信众口供，甚至日记与小说；反之，英国思想史的主要素材则是知识人的出版品、日记与手稿。不过，福柯虽然受心态史所吸引，却很自觉地以"观念史"（l'histoir des idées）描述自己的研究类型。①

福柯的观念史研究，也就是他自承的知识考古学。与洛夫乔伊一样都关心长时间的历史变化，但相较于洛夫乔伊仍以哲学家为分析焦点，福柯的著作并不刻意区分不同的团体、个别作者的意图。在福柯的著作中个别思想家或作者之间的差异并非重点，他们通常被化约至一个时代，而"福柯式时代"的组成单位是他所发现与认定的"论述"。②以《性经验史》为例，福柯其实同时处理了两条欧洲历史的发展轴线：一是国家的中央集权化，一是市民社会的兴

---

① Michel Foucault, *L'archaeologie du savoir* (Paris: Gallimard, 1969), p. 184.
② 福柯曾经说他所做者并非研究知识人的系谱，而是"特定的实际论述之功能（之）条件"。(J'ai cherché simplement-ce qui était beaucoup plus medeste-les conditions de fonctionnement de pratiques discursives spécifiques.) 对中文世界读者而言，这不能说不是一个缠绕的概念。参考 Michel Foucault, "What is an Author?" in James D. Faubion（ed.）, *Michel Foucault: Aesthetics, Method and Epistemology* (New York: The New Press, 1998), pp. 205-222。

起。从国家的角度而言,重商主义政治经济学、人口学的目的在于加强国家对于人口的关注(在福柯的用语中即为"控制")。用浅白的话讲,就是小我必须让位给大我,因此"性"变成了被管理的对象。从市民社会的角度而言,因为城市化的扩展,18世纪之后的公共领域或市场的组成分子已经不是早年那些相对熟悉的邻里朋友,因此距离、客气、矜持,渐渐成为行为的标准。休谟、阿迪森(Joseph Addison,1672—1719)、约翰·米勒等关注市民社会发展的思想家与作家认为,他们所处的时代因为各种因素如经济发展,品味、艺术、工艺与行为举止的精致化,使得人们对于性的追求不像野蛮时代那般激烈而直接,而是以温和、委婉、文化中介的方式进行。[1] 休谟等人有关性与文明化的评论,可以视为对人类社会变迁的观察,也可以看作他们对所处时代与社会所怀抱的优越感,但不宜与国家管理或控制混为一谈。在欧洲史上,从17世纪开始,国家权力的集中与市民社会的兴起并起,彼此间有相辅相成之处,也有矛盾与竞争之处。[2]

福柯极少甄别同时代——也就是启蒙时代——不同作

---

[1] Paul Kelleher, *Making Love: Sentiment and Sexuality in Eighteenth Century British Literature* (Bucknell University Press, 2015). Nicolas Phillipson, "Politeness and Politics in the reigns of Anne and the Early Hanoverians", in J. G. A. Pocock et. al (eds.), *The Varieties of British Political Throught, 1500 - 1800* (Cambriage: Cambridge University Press, 1987), pp. 226 - 247.

[2] Isabel V. Hull, *Sexuality, State and Civil Society in Germany, 1700 - 1815* (Ithaca: Cornell University Press, 1996). Andrew H. Miller and James Eli Adams (eds.), *Sexualities in Victorian Britain* (Bloomington, 1996). 福柯的著作对此一课题的发展有直接的关系与贡献。

家的世界态度、价值,也不习惯将不同作家的"论述"放在不同的脉络与议程中具体分析,反而倾向于将它们放在同一平面——(官方)管控——来批评。福柯谈论现代性的出发点其实与18世纪启蒙作家一样,希望借由历史书写来对当代进行针砭与批判。在此一意义上,福柯继承了启蒙的精神,只是反对启蒙所欲建构的社会哲学。不过正因为如此,福柯的"观念史"写作容易"厚诬古人"。其中一个例子是他对边沁(Jeremy Bentham,1748—1832)的"全观式建筑"(Panopticon)的"再现"。对福柯而言,"全观式建筑"是欧洲现代"监控"与"规训"文化的代表(之一)。边沁从他弟弟撒母尔·边沁(Samuel Bentham,1757—1831)处得知全观式建筑——环形建物中间塔楼为一视觉穿透的监控室,自此中心放射出去的周边则是病房、牢房或教室,如此控制室的人可以同时观察到各室的活动。① 福柯对此一建筑在管理、规训弱势者——病人、疯子、工人、小学生——的功能与社会哲学意义有许多描述。"于是人为的(虚构)关系中自动产生了一种真正的臣服。人们无须[像中世纪的守门士兵]利用武力让罪犯守规矩,让疯子安静,让工人工作,让小学生学习,让病人看诊。"福柯说,这是"权力的实验室"。② 撒开矫正、矫治、规训、驯服、控制、社会化、更生、再造等等语词之间的语

---

① 撒母尔一度在俄国海军服役,并曾在1806年协助圣彼得堡依据全观式建筑理念盖了一所学校。
② Michel Foucault, trans. by Alan Sheridan, *Disciple and Punish: The Birth of the Prison* (New York: Pantheon, 1977), pp. 202, 204.

义学差异与其所反映的社会哲学立场差异,边沁的"全观式建筑"最初是希望用来改善英国与殖民地狱政的计划。但因为英国议会不同意拨款补助而始终未见执行。福柯完全没有讨论英国乐利主义政治运动的背景①,没将"全观式建筑"放在边沁本人的思想样貌与改革事业中来看,没有将它放在整体欧洲讨论狱政与殖民地改革的背景下来分析,纯就建筑图样所"可能"显露的看与被看、控制与被控制的关系而升华、抽象至一种社会哲学;这是一种以历史为材料的批判性见解,类似如贾谊、苏轼的史论,虽然有其创造性与破坏性,但不足以为思想史研究者的模范。与其说福柯"重写"了考古遗物,不如说他创造了一种特殊的批判论述模态。②

从思想史研究角度来看,文本作者的意图,包括斯金纳念兹在兹的"语义学意义的意图"与政治和社会意义的意图,都应该是研究者首先要企图掌握的对象,虽然研究作者意图不是思想史的终极目标。但在福柯的研究中,即使作者未死,他将个别人的话语、意见化约成一种言说或

---

① 在 1960 年代,边沁研究尚未真正在英国开展。福柯应该很熟悉他的同胞 Elie Halévy(1870—1937)的经典著作 *The Growth of Philosophic Radicalism* (London: Faber and Faber, 1928),这本书集中讨论了边沁的法律思想。
② 批评福柯对边沁思想的漠视与误用的见解可参考 Janet Semple, "Foucault and Bentham: A Defence of Panopticism," *Utilitas*, 4:1(1992), pp. 105 - 120, pp. 108 - 111。目前比较精致的历史研究可参考 Janet Semple, *Bentham's Prison A Study of the Panopticon Penitentiary* (Oxford: Clarendon Press, 1993)。相关史料可参考 Tim Causer and Philip Schofield (eds.), *Panopticon versus New South Wales and other Writings on Australia* (London: UCL Press, 2022)。

论述模态的做法,固然成就了论述模态,但其代价却是个别思想家的消失,甚至是历史(内涵)的消失。

美国文学批评家与公共知识分子萨义德(Edward Said, 1935—2003)的"东方主义"(Orientalism)是福柯式的论述模态在殖民主义批判中的显现。在萨义德的用法中,东方主义不是西方人对东方事物的纯粹喜好态度,而是指"西方对于东方的研究与兴趣"中的"权力的临在"。萨义德批判道,东方主义暴露了西方人的世界态度,认为东方是野蛮的、淫逸阴柔的、不理性的、传统主义的,而且东方就是东方,西方就是西方,永远不会改变。东方主义是西方殖民主义的孪生兄弟,为了殖民主义,东方主义被创造出来合理化、加深、巩固殖民主义。在"东方主义-殖民主义"结构中,一切殖民时代,甚至殖民时代之前有关东方的研究、兴趣,其书写在某种程度与意义上都是"为了"宰制被殖民社会,都可以视为东方主义。言下之意,没有任何西方有关东方的研究、书写、再现是纯粹学术或知识性的,都隐含了权力关系。① 萨义德本人固然是

---

① Edward Said, *Orientalism* (New York: Pantheon Books, 1978). 根据近人研究,萨义德的文化霸权说系受到意大利知识分子葛兰西(Anthony Gramsci, 1891—1937)影响,应该是事实。如果说殖民官员可以挪用这些有关东方的知识,应该是更为中肯的评断。萨义德对"知识-权力"关系的表达,显然是福柯式的。萨义德的殖民主义观让人联想到戈德哈根(Daniel Goldhagen, 1959 年生)的《希特勒的志愿行刑者》(*Hitler's Willing Executioners*, 1996)。戈德哈根认为,绝大多数德国人都应该被视为希特勒犹太大屠杀的执行者。为何美国学界偶尔会出现决绝与惊世骇俗之论,值得探究。或许少数美国学者伏案写作时,倾听的不太是自己内心真实的感受与历史证据之间的诘难与平衡的对话,而是窗外广大的读(转下页)

位可敬的知识分子,[①] 但他的东方主义,就像福柯的知识考古一样,虽然发现了特定的"文化层",但他真正分析与呈现出来的历史是他自己创造的论述模态。

斯金纳、福柯、萨义德等人的思想史实践(差异),说明了历史的个体解释与集体诠释之间存在落差与张力。如何超越个别知识分子的历史,却又不陷入泛权力化、化约论的论述模态或意识形态,值得所有思想史研究者深思。

(接上页)者与消费者?Daniel Goldhagen, *Hitler's Willing Executioners: The Germans and the Holocaust* (New York: Alfred A. Knopf, 1996).

[①] 单德兴译,《权力、政治与文化:萨依德访谈集》(台北:麦田出版社,2012)。

七

斯金纳思想史的优点与局限

对历史人物的思想进行全面而中肯的评价与分析，是思想史工作最为关键，却也最为困难的任务。福柯与萨义德等人的"准"思想史研究显然不在此一方向上。①不过他们的论述模态依旧有其价值，此种论述模态与洛夫乔伊的观念史一样，可以促进人们反省：我们如何从事超越个别知识分子的思想史研究？描述一个时代的思想特色是否可能？前面已经言及，历史研究的终极乐趣与关怀可以分为两大类：一为勾勒、描述、彩绘时代特色，二为解释时代问题或历史问题。前者重于发现、重构、综合，后者重于阅读、甄别、分析。②一般而言，后者是前者的基础，基

---

① 某些介绍思想史的文献将福柯与萨义德视为思想史家。芝加哥大学历史系在其网页宣告，在芝加哥，思想史（intellectual history）是指研究系统思想（systems of thought）的逻辑或非逻辑、系统思想在跨文化中的相互影响、系统思想与政治制度的合作与对抗等课题，以及"被称之为论述［言说］的非人为的知识形塑"与"构成论述权力的对象如'自我''社会''公/私'等的论述权力"。芝加哥大学历史系的声明显然有极为浓厚的福柯遗绪。福柯今日当然可以被看作思想史的对象来研究。福柯本人的论著，表面上有历史的兴趣，有反对现代或当代的历史情怀，但其具体的历史解释常常是反历史的。请参考 https://history.uchicago.edu/content/intellectual-history。

② 这个二分法当然是种理想型式的（ideal-typical）分法，目的在于强调两种写作目的或倾向。在实际状况里，多数的建构中仍有分析，而多（转下页）

础越扎实,时代大厦的建构就越坚固。但在实务上,作为历史学徒,我们都是从阅读综合性或大师级史学家的作品去认识一个时代,然后学习阅读一手资料与重要二手资料,尝试在一两个(关键)议题上与重要作家的论点对话、做补充,直到我们在某一领域成为资深研究者后,再提出自己对那个时代的不同感受与综合性看法——这接近司马迁说的"成一家之言"。无论如何,历史学者的主要使命就是让现代人可以从现在回到过去、理解过去;在很大的意义上,这也是理解我们当下的一种重要法门。所谓现在与过去,一定存在某种时间上的、历史学上的辨识标志,换言之一定是在比较的视野中出现的。例如过去的交通工具是牛,是黄包车,现在是磁浮列车,是飞机。过去我们是三代同堂,现在都是小家庭甚至独身。交通工具、婚姻制度、家庭组织可以是百姓日用而不自知的生活内容,但在历史学者的写作中,却可能成为时代的识别物,是刻画不同时代的社会面貌、政府管理形式、人的道德实践面貌的特殊纹路。同样地,思想史中也有时代辨识物或标志,例如新的理念与价值:不同时代对于如何实践"仁",如何诠释、看待"义",如何理解"人民",极可能有或大或小的差异;差异,尤其是重要、有意义的差异构成辨识物,从而点醒了我们对现在、当下的认识或感觉,也就是历史

(接上页)数的分析也不乏建构。此外,思想史学者的工作经常牵涉语意学意义上的诠释,而非物理或逻辑意义的解释,此点差异对于思想史研究者而言至为重要。只是就历史写作而言,诠释工作不妨与解释工作一并视为分析史学而非建构史学的基础工作。

（感）。至于哲学家、社会学家、政治理论家、经济学家甚至物理学家各有他们理解当下的法门。例如哲学家擅长提供洞见，或一种特定观点，如物质主义、唯心主义、正义理论、女性主义、社群主义等等；社会学家提供结构式的理解；政治学家从权力的角度建构现实主义的世界观；经济学家提供概率、周期的解释原则。不同的学科会有知识上不可共量的美，不同的优势与弱点。既然核心的关怀不同，学术问题也就不同。历史学者都是在时间、变化、延续这个轴线上做追问并提出解释，例如："法国大革命为什么会发生？""法国大革命与以伏尔泰、孟德斯鸠、狄德罗等人为主要代表人物的法国启蒙思想有关系吗？"相对地，政治理论家与哲学家不太会关心个案或历史，而是问"何谓革命？""革命的基础是什么？""共和主义是一种情感还是意识形态？"等等普遍性的问题。

多数的哲学史只是用来作为训练哲学家的读本，所强调的是哲学思维、人性论或宇宙观的正典或经典理论，或者具有超越时空的意义，具有某种永恒价值的观念；哲学史就是一部思想巨人的传记集成或一群思维能力秀异者的思考接力。毕竟哲学训练的目的是要人们强化自己的思考能力，建立自己的世界观。反之，在强调脉络，无论是政治背景、社会脉络、文本脉络还是语言脉络的历史学书写中，每个思想人物的观念、思想都被放在其来历、条件与限制之中来理解。追溯观念的源流、变化、使用、分享、对峙原本就是历史学者的工作；其结果，再怎么显赫、有原创力的哲学家、思想家，都不是横空出世的，而是某种论述传统的继承者与使用者而已。思想史研究者关心历史人物强调什么观念，以及为何要强调某些观念，远甚于他是否创造新的观念。与制造伟人的通俗历史不同，脉络史学致力于主人翁与同时代人的知识互动，发掘他们共享什么知识遗产、问题、态度；致力于将某思想家置于其知识、社会、文化环境之中来理解其思想。

斯金纳的批评者，也就是哲学（史）家们最常指摘的一点是脉络主义所必然导致历史主义；或者用批评者的话讲，就是崇古主义（antiquarianism）。意思是说，这样的历史研究就只是把思想放回过去，"埋葬在历史中"，虽然还原了它本来的面貌，却对当代起不了作用。对此，斯金纳借德国哲学家伽达默尔、美国哲学家罗蒂（Richard Rorty，1931—2007）、美国人类学家格尔茨等大家的名字与理论，反复强调我们不能独断地以为我们现今的知识与世界观就是正确的。斯金纳非常雄辩地论道：

> 这些［指印度尼西亚］信仰所包含的异国特质组成了它们的"相关性"（relevance）。如果我们能反省另类选择的可能，我们就得以提供自己一种方法，避免让我们现有的道德与政治理论，退化成不经反省批判的意识形态。同时，我们也可以经由增强我们对［另类］可能的感知，而提供自己一些新方法，批判性

地省视我们自己的信念。①

斯金纳的雄辩值得欣赏之处还在于它所反映的巴特菲尔德的反辉格主义态度——我们不能以今日世界为是,以昨日世界为非。但坦白说,斯金纳的回应并没有触及观念问题的核心——观念必须有可比较性,才有相关性。某地(例如印度尼西亚)居民对死亡的概念如果充满萨满主义,对于已经祛魅的现代居民而言,其死亡概念与信仰内涵可能有观看的乐趣,有加以客观化并从事认知分析的乐趣,但少有生活的相关性可言。但无论如何,历史学者在极大程度上其实都分享了反现代主义的态度,如果人类历史是越来越接近完美的,那过去就只是一团混乱、愚蠢、落后,历史唯一的意义就剩下现代人可以从中取乐,而无知识上的刺激可言。但是历史研究与现实/现在之间存在着深层的紧张关系——我们越是脉络化地理解过去,越无法从过去"提供自己一些新方法"或另类的可能,因为过去的思想是独特的存在,是过去的语言条件、社会条件而/才得以成就的思考方式与思想内容,除非我们承认某些思想家的确超越了时代。

---

① Skinner, "A Reply to my Critics," James Tully (ed.), *Meaning and Context*, p. 287. 斯金纳这里所提供的方法,其实就是孟德斯鸠、伏尔泰、弗格森等启蒙时期早期"人类学家"的做法,以他族、他国为"他者",组成反思的轴心,翻转自身习以为常的信念。这种将客体他者化的思维方式,有可能可以让读者(尤其是后工业社会的读者)培养容忍异文化的雅量,但也可能掉入萨义德所谓的"东方主义",反而不能同情异文化主体对于自身传统的批判要求。

斯金纳可能不喜欢批评者用"崇古主义"这略带贬义的词语来指涉他的历史研究。但我们无须反对，历史主义与崇古主义之间的差距相当细微，尽管前者是在描述一种知性态度，后者偏向情感态度。就好像刚过世的耶鲁大学中国史学者史景迁那样向往晚明时代，甚至情愿活在晚明，其实与他以历史主义态度理解明代密不可分。研究历史思想当然需要冷静分析，但在精神态度上，虽未必如钱穆所说，要具有"温情与敬意"，但不以人废言，不存先见，要设身处地地体贴历史人物的限制与意图，是史学工作者的基本守则。反之，批判性的阅读，也就是以自己的世界观、标准或成见来解读古人思想，是哲学家、社会学者、文化评论者的基本能力。历史学者可以脉络化黑格尔与边沁，可以同情地理解他们，将他们完美地（如果人世间有这种可能）放在他们当时的语境与各种文本脉络中来理解，但是马克思批判地理解黑格尔，或约翰·弭尔（John Stuart Mill，1806—1873）批判地理解边沁，正是马克思与弭尔能够推进哲学思考的重要法门。这不是说，历史学者对于文本、人间不能有批判性的思考与评断，[①] 而毋宁是说学科

[①] 紧接着问题是：历史学者如何呈现他的批判性思考？史学内部对相关议题的讨论迄今依然少见。以清楚的段落来区隔史实、史述与史论，可以是一个方法，正如司马迁以"太史公曰"、班固以"赞"列在史述之后，发表个人见解，泾渭分明。但此一机械式做法已经很难被强调风格的现代作家所欣赏了。太史公与班固述、议并列而分界，目的固然不是为了建立史学家的专业伦理，毕竟那时没有此种概念，但是今人若自觉或不自觉地在作品中混杂自己时代的评价与历史分析，恐怕是将史学往后倒退两千年——名之曰文化评论家可以，却似不宜称为史学研究者。

之间存在着不可共量的知识美感与功能。①

方法论其实是一种特殊的文类——它并不是史家的本行。话说回来,任何一本杰出的历史著作,都是作者反复推敲研究方法的结果,而思想史家较诸其他类型史家更经常反省自己理解文献的方式,研究的方法是否恰当、是否完备,虽然他们未必形诸文字、公诸读者。斯金纳为了强调语言与文本脉络的重要而批评社会脉络(主义)。他指出,有些理论家错误地认为,"特定文本中的观念必须依据其社会脉络来理解"。其实,除非受到强大的学术政治或意识形态的影响,否则现在已经很少有历史学者会将观念与思想"化约"成社会或经济条件的反映了。② 今日史家已经不会满意于说王阳明的四民论是中产阶级或资产阶级的思想。但是分析阳明弟子的职业分布,显然可以帮助说明王阳明对于商贾的态度,至于能帮助到什么程度,就要看证据到什么地方,以及学者本人解析史料、诠释史料的能力了。例如,众所周知,王阳明在《节庵方公墓表》中肯定商人的本质与贡献和士人无异,这究

---

① 四十年前在阮芝生教授的《史记》课堂上第一次听到"异量之美"这个观念。此处只是以现今人们比较熟知的孔恩式语言——不可共量——来表示我个人对这观念的理解。谨此申志以示不敢掠美之意。又,"异量之美",典出刘劭《人物志·接识》:"夫人初甚难知,而士无众寡,皆自以为知人。故以己观人,则以为可知也;观人之察人,则以为不识也。夫何哉?是故,能识同体之善,而或失异量之美。"

② Skinner, "Meaning and Understanding in the History of Ideas," James Tully (ed.), *Meaning and Context: Quentin Skinner and His Critics*, p. 59. 1980 年代,余英时经常批评学界有"以论代史"的毛病,这说法与斯金纳对于物质主义者的疑虑是完全可以相通的。

竟是宣告一种新的主流意见,还是对峙主流态度的修辞,两者的意义可谓天差地远。人们已经不会像斯金纳所担心的那样,"依据社会脉络"来理解王阳明思想,但找出其思想与社会条件的共相与共振,依旧是非常有意义的努力。中国史学界有一句老生常谈,"史无定法"。这句话用于谈论不同的次学科,如社会史、经济史与思想史,绝对成立。即使谈论同样属于思想史的不同课题,也一样值得再三咀嚼。

无论如何,经过斯金纳等人的努力,有志于思想史的学者较诸以往更加警醒语言与文本脉络的重要,这应该是他对思想史研究的最重要贡献。对文本脉络的强调,导致了专业上的一种伦理态度,亦即对于研究课题的相关文本与史料有着开放与求全的态度。斯金纳的《霍布斯哲学思想中的理性和修辞》(*Reason and Rhetoric in the Philosophy of Thomas Hobbes*,1996),几乎用上了霍布斯所有的一手资料,包括各种著作版本、书信、手稿。[1] 正如前述所提到的拉斯利,因为发现新史料而对斐默尔、洛克的研究提出新解释,斯金纳以及追寻脉络主义思想史研究的学者都笃信史料在思想史研究上的优越地位,例如理查德·伯克(Richard Bourke,1965年生)发现埃德蒙·伯克(Edmund Burke,1729—1797)未发表的论文手稿,而重新书写埃德蒙·伯克的政治思想。[2] 高第(Mark Goldie)

---

[1] Quentin Skinner, *Reason and Rhetoric in the Philosophy of Thomas Hobbes* (Cambridge: Cambridge University Press, 1996).
[2] Richard Bourke, *Empire and Revolution: The Political Life of Edmund Burke* (Princeton: Princeton University Press, 2016).

在2021年的卡莱尔讲座（Carlyle Lectures）试图从洛克留在东印度公司的档案提供研究洛克政治思想的新视角。中国传统史学有史家"才""学""识"的提法。从思想史研究来说，一名历史学徒的"才"，表现在他对史料的解读能力上，这可能包括辨别古字（字形、音韵、训诂）、解读手稿与通解抽象文献的能力。① "学"，可以指对一手与二手文献的掌握。尤其是一手文献，涉猎越广，就越能启发对特定文本的历史性（也就是脉络性）理解。剑桥大学出版社这几十年致力于出版历史上的政治哲学或理论文本、思想家书信，都是基于文本脉络的要求而进行的学术基础建设。简言之，文本的搜罗、掌握与理解，就是史学。斯金纳方法论中最少谈论的课题就是史识。今日学院史家不只不敢奢言究天人之际，也少有人敢自诩有通史之识。史识常被认为与"知人论世""观世变、知世运"等传统史学观念相关。从今日学院史学的角度说，史识的表现方式就是提出议题的能力。

斯金纳的方法论有个既存的，甚至可说是永恒的问题，亦即"历史上的作者或思想人物在做什么？"（What was he doing?）。这等于是说，史家将思想人物的"写作"当成"历史事件"。就像史家理解事件时不会用现象学的方法，

---

① "才，学，识——史才三长"一说最早是由唐代学者刘知几所提出。在刘知几的观念中，"史才"指的是文采与叙述能力，而且似乎认为"才"的重要性要高于"学"与"识"。但在今日专业训练与史学职业化的背景下，对文采的要求已经极低，但求顺畅而已。反之，基本的学术工具训练不能谓不重要，所以处今日之历史学现况，关于才、学、识，或可以有不同的理解。

企图找出事件背后更深层的意义,理解写作或思想事件也不能预设作者有未言明的理论意图,然后试图透过无数次的精读,想要从字里行间、言外之意,"诠释出"作者的不传之旨。历史学家的工作是确认事件与事件之间的联结意义——如何建立、解释某一特定写作事件与其他许多写作事件之间的关系,是思想史家的核心工作。事件与事件之间的关系的建立,当然依然必须遵守严格的史学方法,而历史/故事,就是在多重事件的关系建立之后所呈现的叙述。因为此处所谓事件,是指有意识的写作行动或言说者,所以事件与事件之间的关系,借用斯金纳偏好的术语来说,就是对话介入者的关系(interlocutory relationship)。斯金纳的"写作事件化"是很有启发的洞视与方法,但这是否就是思想史家最重要,甚至唯一合法、有效的问题意识呢?其实思想史研究者追问"为何霍布斯可以写出那么重要的著作如《利维坦》?"或"在什么历史条件下,我们认为《利维坦》有开创性的意义?"都是合理的问题,只是在寻求解释的过程中,不能只针对该书的哲学性创见,而需要以霍布斯的知识养成,以及与整个时代的对话关系来考察。斯金纳很可能不会提出这样的问题,但吊诡的是,斯金纳必须先承认这些问题的合理性,甚至心中已先有了一定的解释,否则他花费巨大心力于霍布斯研究恐怕就变成了荒谬的事业。史识就是有能力追问合理、可解释的历史问题,而史识之高低与历史提问的宏大与否直接相关。一般思想史家不会直接自问"什么是启蒙运动"。① 不过，诚如前述，历史有两种写作特色，一为建构历史故事与彩绘时代，一为分析与解释历史问题。一位资深历史学徒在欧洲 17、18 世纪历史中浸淫数十年，心中始终悬着，"启蒙运动是特殊时代的产物吗？它与文艺复兴、科学革命以来的欧洲知识发展有何差异？"，依此致力于描绘他心中的"启蒙时代"，正如布克哈特描绘他心中的"文艺复兴时代"，其实完全无可厚非。从另一个角度想，真正伟大的史家之所以能构画出精彩的时代，心中一定有重大的历史课题想要寻求解答。例如布克哈特极可能想要追问：为什么 19 世纪的欧洲会那么世俗化？为何物质欲望与个人主义会盛行？他的文艺复兴研究是一种溯源，也是一种感慨——一个精彩而美好的时代，艺术、思想熠熠发光的意大利，却是庸俗的 19 世纪的滥觞。19 世纪一些重要文化或精神特征从何而来？应该就是布克哈特的历史意识吧！

现代学者依斯瑞尔（Jonathan Israel，1946 年生）著有启蒙研究三部曲②，就像盖伊早年的研究，这三部曲是相当综合性的著作，描述依斯瑞尔所谓的"激进启蒙"的出

---

① 这问题之所以有名，当然是因为德国哲学家康德写了《何谓启蒙？》（Beantwortung der Frage: Was ist Aufklärung?, 1784）一文，回应车纳（Johann Friedrich Zöllner, 1834—1882）对这问题的叩问。康德的结论是，我们，也就是当时的德国或欧洲是在启蒙过程中，但还不算已经启蒙了。从一开始，这就是一个历史哲学问题，而不是历史问题，只是康德很有意识地将答案放在（进步的）时间之中。
② Jonathan Israel, *The Radical Enlightenment* (Oxford: Oxford University Press, 2001), *Contested Enlightenment* (Oxford: Oxford University Press, 2006), *Democratic Enlightenment* (Oxford: Oxford University Press, 2011).

现与扩散。故事以荷兰哲学家斯宾诺莎（Baruch Spinoza, 1632—1677）的理性主义与世界主义，以及逃避路易十四宗教迫害而移居荷兰的法国思想家贝尔（Pierre Bayle, 1647—1706）的怀疑论为主轴，讲述激进启蒙与近代欧洲注重个人权利、普遍主义等新知识传统的关系，以及"此一"激进启蒙如何在英格兰、北美流衍，终至激发现代民主思潮的过程。这种观念传布与思潮扩散论其实是存在已久的历史书写，从北方文艺复兴到波考克《马基雅维利时刻》都是，差别在于史家掌握思想传递过程与传递前后在各自语境中的意义发生何种变化，是判别史家学养与能力的关键。无论如何，依斯瑞尔希望以思想史的角度回答他的自问：现代西方民主制度的思想根源何在？依斯瑞尔显然是希望超越斯金纳的脉络主义研究，描述一个长时间、跨语族的思想故事。

历史学徒在研究生涯初期多半是跟着大学者的问题意识前进，这也是培养史学以及史识的重要方法。如果说大史家是开创新的研究领域的学者，在现实中，此等史家纯属凤毛麟角。杰出或优秀史家就是具备宏大史识的学者，敢为历史上的大问题，例如为什么会发生法国大革命、为什么明朝会灭亡等等，提出精细而严谨的回应。[1]《唐史·南诏书》说，唐亡于黄巢而祸基于桂林，是具历史穿透力

---

[1] 从此一角度言，斯金纳能在三十岁出头便以《现代政治思想的基础》对"西方现代政治思想的源头何在？"这样的问题提出自己的看法，的确是相当了不起的史识与成就。

的史识。陈寅恪在这个史识与论断基础上,进一步提出关陇集团的历史作用力,同样展示出过人史识。按理说,重大的历史事件,一定由复杂多面的历史因素所造成,包括社会、经济、文化、思想、政治等等面向。但由于学术分工的关系,现代学者多半只能从一种特殊的取径与材料,也就是从次学科,如政治史、社会史、经济史等等,对这些大议题提供自己的研究心得。1960年代之前,许多社会史家认为法国大革命是阶级斗争的结果。① 思想史学者傅勒(François Furet,1927—1997)则认为卢梭强调的平等观以及相应的普遍主权或全民主权概念,影响了革命的前进,罗伯斯庇尔的执政,则是卢梭式政治意识形态的高峰与反转——普遍主权最终造成个人恐怖统治的出现。② 贝克(Keith Baker,1938年生)认为法国大革命的意识形态至少包括对正义的追求、对理性的信心,以及对意志的向往。近年有史家从共和主义的角度来解释法国大革命的思

---

① William Doyle, *Origins of the French Revolution* (1980; Oxford University Press, 3rd. Edition, 1999). Florin Aftalion, *The French Revolution: An Economic Interpretation* (Cambridge: Cambridge University Press, 1990). Frank A. Kafker and James Laus (eds.), T*he French Revolution: conflicting interpretations* (Florida: Krieger Pub Co, 1983). Alfred Cobban, *The Social Interpretation of the French Revolution* (Cambridge: Cambridge University Press, 1965).

② François Furet, trans. by Elborg Forster, *Interpreting the French Revolution* (Cambridge: Cambridge University Press, 1981). 早在1933年,Daniel Mornet(1878—1954)就已经出版过有关法国大革命思想起源的著作。Daniel Mornet, *Les origines intellectuelles de la Révolution française 1715 - 1787* (Paris: A. Colin, 1933). Mornet除了强调伏尔泰、卢梭、狄德罗等人思想的重要,更透过出版与传播,谈论启蒙观念影响与大革命之间的关系。后来被称为新文化史家的罗伯特·达恩顿(Robert Darnton, 1939年生)以及侯许(Daniel Roche, 1935—2023)的研究特色与此类似。

七 斯金纳思想史的优点与局限

想起源。相较于着重在卢梭等激进平等主义者,此一角度更重视贵族对政治美德、政治责任的坚持,以及因此与国王的对立。① 我们无意忽视细微题目的学术价值,毕竟九层之台起于垒土,凡事都必须从小处着手。胡适当年说"发现一个字的古义与发现一颗行星一样伟大",只能在极为特殊的时代背景以及语境下来理解;时至今日,此种极端的专业平等主义已经很难获得共鸣。前面提到的法国史家夏蒂埃的主要研究兴趣是书籍史、出版史、阅读史等文化史领域。即便如此,他在法国大革命两百周年前夕写就《法国大革命的文化起源》(*The Cultural Origins of the French Revolution*,1991),试图以革命前五十年法国,尤其是巴黎的出版与阅读实践,来探讨法国大革命出现的原因。只可惜本书虽有零星慧见,却不易看出夏蒂埃是否长期关注法国大革命的文化原因,致使本书比较像是应景而非扛鼎之作。②

---

① John Shovlin, *The Political Economy of Virtue: Luxury, Patriotism, and the Origins of the French Revolution* (Ithaca: Cornell University Press, 2006). Jay M. Smith, *Nobility Reimagined: The Patriotic Nation in Eighteenth-Century France* (Ithaca: Cornell University Press, 2005).

② Roger Chartier, trans. by Lynda G. Cochrane, *The Cultural Origins of the French Revolution* (Durham, North Carolina: Duke University Press, 1991). 多斯(Francois Dosse,1950年生)在1987年出版《碎片史学:从年鉴到新史学》(*L'Histoire en miettes: des Annales á la nouvelle histoire*),提醒读者法国史学有碎片化倾向。其实碎片化应该是学院化高度发展,以及史学工作者退出公共议题的结果;这现象应该是普遍的,而非只有法国史学为然。我们不确定夏蒂埃尝试提出对于法国大革命的原因的历史解释,是否与多斯的提醒有关,但如果当初夏蒂埃可以成功地以文化史探讨法国大革命的起因,多斯应该会对法国史学碎片化的现象稍感乐观些。夏蒂埃有个相当有意思的观察。他认为18世纪中叶出现新的出版与阅读方式,旧式小开本或口袋本的出现,使得读者可以随时、轻易地携(转下页)

斯金纳的脉络主义鼓励史家以作者及作者之"言说行动"为研究内涵,长于将历史人物放置于多重文本中,层层分析出作者的意图。但是对于观念、价值、概念的跨国传递,异文化之间的思想交流,单靠脉络主义并无法竟其功。例如19世纪晚期,亚洲开始积极理解、讨论、使用、实践现代"科学""平等"等观念,想要研究西方的观念如何进入亚洲、被亚洲社会所使用,就很难以脉络式的个别人物研究为基本模态。斯金纳的方法论会着重于个别思想家如梁启超、福泽谕吉(1835—1901)、熊十力、笛卡尔(René Descartes,1569—1650)、培根(Francis Bacon,1561—1626)、康德等人如何理解并使用科学观念来完成自己的书写目的与社会实践议程。这些思想家一定有其个别的国族或在地的背景与脉络,如何注意到后代思想家对前代思想家的著作与观念进行接受与批判时所产生的多重的、异代的脉络,

---

(接上页)带书本,却让读者对于作者(author/authority)不再有过往那般的敬重。夏蒂埃的历史解释很有想象力,但此一历史论断是否有效,却不容易说。其实出版史与阅读史研究的确可以弥补思想史的不足;(新)思想、(新)观念究竟产生多大社会影响力,固然可以从各种文本上来分析得出,但出版史可以提供在数量、地理、特定族群的影响力等方面的佐证。口袋本就是廉价本,它的阅读人口一定较诸以前的精装与大开本出版物成倍数成长。法国史家侯许的法国启蒙研究,例如《文人共和国、文化人与十八世纪启蒙人士》(*Les Rèpublicains des Lettres, gens de cutlture et Lumières au XVIIIe siècle*, 1988)就是从出版与社会史角度谈论启蒙文化。最经典的例子是在美国独立运动之前,潘恩(Thomas Paine,1737—1809)的《常识》(*Common Sense*, 1776)在出版三个月内就销售12万册。截至独立前共销售达50万册,而当时北美总人口不过约300万人。因此说当时北美居民人手一册《常识》,应该不是夸张之词,这完全是拜简易而便宜的印刷之赐。当然,承载观念的书本传布极广,不能说明观念为何被接受,以及如何被理解,但其"影响"的力道却可以因此蠡测。换言之,文化史可以为思想史补上社会面相的历史发展。

如何务实地将这些多重脉络带进研究之中，是斯金纳及其追随者较少触及的课题。同样复杂却可能重要的课题是，当这些观念的接受与批评发生在异文化，甚至是不同时代的背景下时，研究者就必须将斯金纳的脉络史学加以扩充或精致化。① 尽管如此，斯金纳提醒思想研究不要沦为字词研究，还是非常有洞见的警语。他的语言行动可以启发学者，将观念的翻译当作一种行动来加以理解。我们不应该争执翻译的对错，或停留在表面的字词对应与转化，而应该理解译者及其时代的政治、社会改革议程。

但是近代的平等、科学、民主等等这些观念的传入与在地化（渐次融入中文语境，成为比较稳定的观念与用语）不单是集中在一两位关键作家身上，而是透过各种管道而喷发的现象。近代亚洲的文本以及语言脉络必然与欧洲脉络有关，但也与亚洲或中国的固有观念，以及其他相关的新观念有明显的碰撞现象。这些问题对东亚思想史研究者而言几乎是常识，却不是斯金纳方法论关心的重点。换言之，跳开以个别思想家为主的研究而进入概念史的研究，是中国近代思想的一大课题。斯金纳史学加深了我们对于知识分子，也就是历史上的重点的深入剖析与理解，但如何从"面"的层次，掌握亚洲国家（如中国）如何从间接、片段、分散、多元的方式与渠道吸收欧洲观念，依旧是值得深究的课题。

---

① 我们将在下文谈到跨境思想史时延续此一讨论。

八

思想史的研究对象

思想史研究的对象应该是伟大或极为重要的思想家、理论家、哲学家，还是应该包括一般知识人？许多学者表示过，如果要了解一个时代，不应该去钻研第一流的思想家，例如黑格尔或朱熹，而应该去研究二流或三流的思想家，因为他们的思想更能代表其所处的时代。这话乍看之下很有道理，因为既然被称为一流思想家，似乎就暗示了此人必然超越了他的时代，所以他的思想不属于他的时代，或至少无法"均匀或恰当"地反映他的时代。不过我们如果细究这见解，其实不难发现其中诸多矛盾与思考的裂缝。首先，如果要了解一个时代的思想风景或价值系统，我们不应该期待能从一两位思想家身上获得，而是应该在许许多多思想人物身上综合而出，或者建立一种诠释方式来表现时代思想气氛、价值系统等等。其次，思想之为物，很难让史家得出社会的思想均质，然后确认谁的思想最接近此一均质；换言之，时代思想很难被统计化、科学化地代表。若有学者执意要以代表来说明其研究主题的重要性与意义，其所谓代表，一定是诠释学意义或比喻性的说法，而不具实证性的效力或意义。承上，对布克哈特来说，文艺复兴的重要精神在各文化与生活层面都不忌讳地表达对个人主体（individuum）的注重，当他论断"彼特拉克是第一位现代人"时，正是将一流的作家彼特拉克视为文艺复兴时代精神的代表。再次，就像斯金纳的方法论所示，所谓一流思想家，例如马基雅维利或霍布斯，都是时代的产物。这意思是说，一流的思想深深植根于他们各自时代与语境中的诸多文本。在此一意义下，一流思想家非但没有超越其时代，可能还更有意义地反映了其时代。关键在于我们是将历史上所谓的一流思想家写成斯金纳式的历史人物——他的思考与写作必然是针对他的环境与相关作家之间，必然有直接的关系，必然是一种知识上的回应，因此无所谓超越时代之处；还是写成施特劳斯式的英雄人物——强调其思想的特色与卓越，好像是在书斋中匠心独运的结果，也因此具有永恒价值的思想与典范。

当我们说，二流思想家更能代表或反映他的时代，这似乎暗示我们无法从其他阅读或研究了解这些二流思想人物的时代，而只能透过他们来了解或掌握其时代面貌。这当然不是事实。某一时代的面貌，一定是许多位，甚至许多世代研究者共同描绘的结果，绝对不限于思想史或任何次领域，所借助的主题与材料也包罗万象。进一步言，任何人物都无法"代表"他的时代，但的确有些人的行为与作品比其他人更能够"反映"他的时代（的特色、苦难、困顿、光彩、甜美……），反映那个社会的脉动。如果我们想了解某一个国家的社会状况,即便是一般而非菁英的社会状况,我们也应该仰赖该国最优秀的新闻媒体,而不是二流新闻或小报的报道、选材与分析。现代历史学者喜欢强调"发现",好像这是原创性的保证。吊诡的是,其实所有史料(无论是书本、图像、物件、化石)实际上都已经存在于天地之间。我们所谓"发现",其实是研究者根据自己的训练、知识高度以及一定程度的偏好,循着一定的故事逻辑去趋近,并考掘出该"证据",然后把它放在自己建构的故事中,呈现给读者大众。但思想史不是只有考掘工作,思想史也会大方地让古人自己说出自己的社会与时代。在这一层意义上,我们倾向倾听一流思想家的故事,因为他们之所以可称为一流,一定是在著作中清楚留下了现实世界的描述与理想世界的蓝图。简言之,从这一意义上说,梅诺基奥(Mennochio)代表了下层社会的一个独特个体,而透过但丁或彼特拉克,人们才更能够理解、感知当时的意大利或欧洲。

许多中文世界的思想史家都建议思想史的研究对象应该尽量扩大。这是因为中文"思想"一词的延展性与伸缩性相当强,所以思想史所隐含的涵盖面就会蔓延扩散。例如余英时在《中国思想史上的四次突破》中讲述自己的学术历程以及思想史研究方法,其中有段自我剖析值得玩味,他说自己"不但研究上层的经典(如儒家和道家),而且也注重下层的民间思想,尤其关怀上下层之间的互动"。① 中

---

① 余英时,《中国思想史研究综述——中国思想史上的四次突破》,收入《中国文化史通释》(香港:牛津大学出版社,2010),页1—21。

文世界讨论思想史史学方法的文章极少，葛兆光的《思想史的写法》既属凤毛麟角，更是其中的杰作。葛氏认为思想史不应当只关注和书写菁英的思想，而是要顾及"普遍的、一般的知识、思想与信仰世界"，从而区别于仅关注对历史产生重大影响的哲学思想的哲学史。① 余、葛两位先生所提到的"下层""一般的知识""民间思想"等词语都值得做进一步的分析与说明。首先，余、葛的意见让人想起20世纪七八十年代风起云涌的心态史与新文化史写作。心态史研究就是要去找出人们日常生活行为或集体信念背后的心理因素与（朴素的）知识和想法（thought），它们不只存在于下层人士的心中，而是恺撒与骑士兵、哥伦布与其水手共享的心智态度。② 换言之，这种思想（thought）不是个别的、反思性的、创造性的思考与知识，而是被动接受的、既与的、非个人的、社群中共享的知识与想法。③

勒高夫对心态史与观念史（或知识史）之间的关系曾经

---

① 葛兆光，《思想史的写法》，《中国思想史》卷一（上海：复旦大学出版社，2013），页11。周振鹤评论葛兆光大著时表示："由于写法的不同，就更容易看出一些思想真相，或者说更靠近思想本来的面貌。"所谓思想的真相与本来面貌究竟所指为何，从这句话不容易看清楚。不过周振鹤显然也认为只研究大思想家是不够的。周振鹤，《追求对古人思想的理解——评葛兆光〈中国思想史〉第一卷》，收入氏著《藏书不乐》（北京：东方出版社，2018），页135—142。
② Jacques Le Goff, "Mentalités: A History of Ambiguities," in Jacques Le Goff and Pierre Nora (ed), *Constructing the Past: Essays in Historical Methodology* (Cambridge: Cambridge University Press, 1985), p. 166.
③ Roger Chartier, "Intellectual History or Sociocultural History? The French Trajectories," in *Modern European Intellectual History: Reappraisals and New Perspectives*, ed. Dominick LaCapra and Steven L. Kaplan (Ithaca: Cornell University Press, 1982), p. 22.

做了个耐人寻味的比喻:"心态史之于观念史,就如同物质文化史之于经济史。"换言之,心态史与观念史是各自独立但相比邻的两个领域。心态史的出现当然与二战前后,史学家眼光从上层或菁英社会转而注意到下层或劳工群体有关。史家的眼光的确决定了研究的课题与格局。但其实,心态史之所以能起一时之风潮,关键还是因为特殊史料的出现。对史学发展而言,新史料的出现绝对具有推波助澜的力量。勒华拉杜里(Emmanuel Le Roy Ladurie,1929—2023)利用法国南部蒙塔尤地区的教会档案,尤其是宗教裁判的审讯资料,完成《蒙塔尤》(*Montaillou, village occitan de 1294 à 1324*,1975)一书,分析蒙塔尤这座居住着两百五十人左右的山城中的几位关键人物,描绘信仰纯洁派(Cathars)教义的居民们对于性与信仰的态度。[1](天主教)教会档案的搜藏与使用造就许多成功的历史叙述。[2] 这些资料都不是当事人或受审人主动写下的资料,也不是"无意"留下的珍贵史料,而是经过侦讯人员手笔而记留的口供。受审人本身是否有能力核对口供的正确性,甚至值得史家怀疑。由于受到知识分子的中介与文字化,现存史料一定比当事人所讲述时更加符合知识人所习惯的逻辑与表达方式,换言之,一定经过某种程度的修改(如果不是扭曲)。因此如何使用,如何正

---

[1] Emmanuel Le Roy Ladurie, *Montaillou: The Promised Land of Error and Cathars and Catholics in a French Village, 1294—1324* (New York: Vintage Book Edition, 1979).
[2] 娜塔莉·戴维斯(Nathalie Z. Davis,1928—2023)、金茨堡、小爱德华·缪尔(Edward Wallace Muir, Jr.,1946年生)、夏伯嘉(Ronnie P-C Hsia,1955年生)等学者都曾利用类似档案写出脍炙人口的著作。

确解析,是 20 世纪历史档案学的重要课题。① 但无论如何,这些难得史料的出土让心态史成为更为肥沃的史学园地。②

总之,欧洲史学有意识地将一般、民间、下层的世界观研究,与知识史或思想史的观念研究做了区别。意大利裔史家金茨堡的名著《奶酪与蛆虫》(*Il formaggio e i vermi*,1976)值得在此一述。本书讲述中古晚期一位意大利人梅诺基奥在被宗教裁判所神职人员审讯时,讲出了他对上帝以及宇宙的看法。书名中的"奶酪",起源于梅诺基奥认为上帝创造的世界就像一片奶酪。经过虫子的咬噬,世界于是出现了洞孔。③ 素人不擅常抽象思维,故多

---

① 娜塔莉·戴维斯,《档案中的虚构》(杨逸鸿译,台北:麦田出版社,2001)(饶佳荣、陈瑶等译,北京:北京大学出版社,2015)。这些神职知识分子就像人类学家一样,"再现了"不具书写能力者的行为与想法。这些被审讯者、被记录者与主流社会之间的知识与权力落差,像人类学家与部落之间的落差一样,一直想要真实呈现却又不得不用主流或文明的逻辑加以记述的冲突与矛盾之间妥协。或许这就是为什么这类历史书写多少带有人类学风格的原因吧!20 世纪最广为中文世界所知的文化史家彼得·伯克(Peter Burke,1937 年生)曾经提出"文化史的倾斜研究法",意思是说,下层或庶民文化经常缺少直接材料,因此必须借助上层或菁英文化的记述,尽管这些记述中经常混杂着菁英人士的偏见。埃德蒙·伯克的研究方法虽是针对近代早期的庶民文化研究,但应该也可以用于使用口供的反思。

② 一般认为布洛赫是法国心态史学的先行者。他的《神圣的接触》(*The Royal Touch: Monarchs and Miracles in France and England*,1973)描述法国人、英格兰人与王室如何实行通过触摸国王身体而治疗(麻风病)的故事。布洛赫在其名著《封建社会》(*La société féodale: la formation des liens de dépendance*,1939)中,也讨论了中世纪人们的时间感。后来勒高夫在《中世纪的时间、工作与文化》中进一步细致化此一历史课题,见 Jacques Le Goff, trans. by Arthur Goldhammer, *Time, Work and Culture in Middle Ages* (Chicago: Chicago University Press, 1982)。

③ Carol Ginzburg, trans. by John and Anne Tedeschi, *The Cheese and the Worm: The Cosmos of a Sixteenth Century Miller* (Baltimore: John Hopkinds University Press, 1980)。(原书出版于 1976 年,意大利文版书名为 *Il formaggio e i vermi. Il cosmo di un mugnaio del '500*。)

以日常且具体的事物来比拟抽象观念或信仰，并非难以理解之事。但是梅诺基奥将世界以奶酪来做比喻，此一特殊意见，未必就是其他素人或民间的共同想法。① 金茨堡此作的特别之处在于利用"深描"（thick description）的方式，呈现一位名不见经传的历史人物的奇异世界观；受益于难得的史料，史家才能相对仔细地再现曾经行走在地球上的一位平凡人物的"思想"。此书被认为是 20 世纪新兴的新文化史、微观史学的代表著作之一。此书的特殊之处在于它只记录一位平民的世界观，其独特之处与讲述同一群村里之人或职业伙伴共同的心态的历史有所不同。表面上看，其文类像是一本俗民的"思想史"。但俗民思想史本身就是矛盾语词，我们认为《奶酪与蛆虫》之所以不是思想史写作，最根本是因为梅诺基奥的"思想"没有社会意义与历史影响力，我们甚至不知道他的观点是否曾经被邻居真当一回事地讨论过，尽管金茨堡刻意强调他再现了梅诺基奥的"宇宙观"。② 此外，史家很难找出合理的脉络

---

① 此与拉伯雷的小说《巨人传》中，庶民经常是以肩膀以下的身体作为世界知识的隐喻，是同样的道理。
② 学界有人将此种研究或书写称为"微观史学"。在主流学术处理重大议题，重大人物，众多统计、史实的历史作品中，这类书写显得清新而有趣。但是如果这类书写无法呈现独特却又普遍的意义，就会落入海登·怀特（Hayden White, 1928—2018）的批评，认为历史与虚构的小说无异。我们甚至可以怀疑这类历史记载可能还比不上小说，例如卡夫卡（Franz Kafka, 1883—1924）的《变形记》（*Die Verwandlung*, 1951），或卡尔维诺（Italo Calvino, 1923—1985）的《树上的男爵》（*Il barone rampante*, 1957）来得有趣。除了仔细描述一位素人的世界观，本书以叙述体为主，应承了 20 世纪"叙述体的回归"的史学风向，代表人物有研究法国史的娜塔莉·戴维斯、研究中国史的史景迁等人。史家强调叙述的重要理由既是为了回归史学家的古老技艺，也是为了与大众接（转下页）

与独特的社会背景来说明梅诺基奥的世界观所代表的意义。①

心态史常常被认为是新文化史的一支。或者更正确地说，新文化史创作者经常受心态史研究的启发。在此或许是适当的机会略谈1980年代前后在欧洲，尤其是北美史学界红极一时的"新文化史"与思想史的关系。

何谓"新文化史"本身是个复杂的学术问题，并且远远超出本书的宗旨与讨论范围。② 此处只能就新文化史和思

（接上页）触，他们希望传递史学的教训、史学的意义给一般读者，而不只在学院人士间相互品评。叙述传统与大众读者的关系从18世纪的吉本（Edward Gibbon, 1737—1794）、休谟到19世纪的马考莱（Thomas Babington Macaulay, 1800—1859）就已经存在，但因为受到学院化的要求，而让历史书写越来越远离一般读者。

① 容笔者不揣浅陋以一则个人经验讲述让史料成为思想史的困难。2002年，笔者在苏格兰国家图书馆珍藏室发现一批手稿，是一位名叫约翰·威廉森（John Williamson）的素人对（支持）素食所做的反省与见解。手稿日期标示是1787年。正如许多历史学徒一样，笔者的欣喜之情不在话下，就立刻着手抄录。抄录工作进行至一半，笔者开始思考如何将这份材料放在苏格兰社会与思想中来理解，但一直苦无着力点，因为笔者对当时苏格兰（启蒙）社会对动物、生命、素食等相关知识并不熟悉，很难理解这位素人（作家）为何要写出这般意见。在我搜寻相关研究之时，赫然发现David Allan博士于2001年以此批材料发表了一篇文章。他的做法是将此手稿的思想与希腊素食主义者，例如毕达哥拉斯的思想做比较。读者其实不容易接受将一位18世纪晚期素人作家的思想完全放在希腊思想的背景中讨论，尽管可以想见希腊素食主义在欧洲有一定影响力。但因为笔者始终无法理解威廉森的意图，目前也没有能力赋予其合理的社会脉络，这份材料最终还是冰封在抽屉里。换言之，表面上这份材料固然令人欣喜（庶民、手稿），但无论是从思想史还是社会史角度，它都有待其他更多材料的加入，才能构成一个有意义的历史故事。如果以目前所知史料来看，威廉森的"思想"就像梅诺基奥的奶酪宇宙观一样，只是一座极小的思想孤岛。David Allan, "Greeks, Indians and Presbyterian Dissident Arguments of Vegetarianism in Enlightenment Scotland," *1650 - 1850: Ideas, Aesthetics, and Inquiries in Early Modern Era*, 6 (2001), pp. 265 - 297.

② 关于"什么是文化史"的讨论已经相当丰富。有兴趣读者可以参考 Victoria E. Bonnell & Lynn Hunt (eds.), *Beyond the Cultural Turn: New* （转下页）

想史的对立与可能的互补做一些说明与讨论。在许多方面，新文化史倡议者所标榜的历史样貌与研究兴趣和知识分子史或思想史有着明显的差距，甚至是对峙。例如新文化史强调地方与庶民社会，而知识分子的历史或思想史相对强调中上阶级，尤其是知识菁英；新文化史强调人类造物的形式（forms），例如书籍形式、印刷技术、国王形象的塑造，及艺术品的摆位等等物质形式与空间制约，而思想史会强调书本内容或其他文本、文献所要传达的观念与价值，国王权威的哲理或法源，艺术品所代表的作者意图或时代价值等"内在理路"；新文化史强调文化的普遍参与者、接受者、消费者、读者、传布的路径等等，而思想史强调创造者、作者及其观点与历史议题之间的关系。大抵而言，新文化史强调物质、形式、行为、仪式、空间、文化制作、一般群众、日常生活在文化史中的角色，尤其是这些文化表征的形塑过程与变化。达恩顿的《启蒙运动的生意》（*The Business of Enlightenment*）与侯许的《文人共和国》（*Les Républicains des Lettres*）很能显示新文化史与思想

（接上页）*Directions of Study of Society and Culture* (Berkeley: University of California Press, 1999). Lynn Hunt (ed.), *The New Cultural History* (Berkeley: University of California Press, 1989). Robert Darnton, *The Kiss of Lamourette, Reflections in Cultural History* (New York: Norton, 1990). Peter Burke, "Cultural History, Ritual and Performance: George L. Mosses in Context," *Journal of Contemporary History*, 56:4 (2021), pp. 864–877. 彼得·伯克，《什么是文化史》（北京：北京大学出版社，2009）。伯克在另一篇文章中认为文化史和思想史的关系非常密切。但是他举的例子其实是旧文化史，也就是布克哈特，以及精神史的写作。此一判断其实是时代错置。参见 Peter Burke, "Cultural History and Its Neighbours," *Culture and History Digital Journal*, 1:1 (2012), p. 3. 感谢陈建元博士提供此文。

史之间研究旨趣的差异。① 表面上,达恩顿这本成名作是有关法国启蒙的研究,但其实书中对启蒙哲士的思想与观念的分析极少,其中最精彩的建构是对传布启蒙哲士思想的重要管道,也就是《百科全书》形成过程的社会史建构。换言之,达恩顿的著作是启蒙思想的传布之研究,但不及于思想分析或说明,或者用新文化史家倾向使用的语言,达恩顿是研究并呈现了启蒙(文化)的物质性——言下之意,没有这些物质性、编纂网络与过程的讨论,就没有启蒙文化或启蒙社会。侯许的著作同样是有关知识传播的社会史分析,只是他的方法更强调统计与地理空间的分布及差异。早在二战之前,启蒙思想的传布就已经进入法国史学的视野之中。莫尔内(Daniel Mornet,1878—1954)的《法国革命的思想起源,1715—1787》就仔细分析了伏尔泰、孟德斯鸠等人的思想如何渗透到地方的过程。从莫尔内开始到新文化史或出版史写作,史家们不再汲汲营营于分析重要概念的传承、接续、细致的争辩以及它们与历史变化之间的关系,而比较着重在它们如何具象化、如何被操作、如何形成影响力。

从整体历史的角度出发,新文化史与思想史一定是互补的关系。历史不言明的终极目标是对人类过往有整体性

---

① Robert Darnton, *The Business of Enlightenment: A Publishing History of the Encyclopé die, 1775 - 1800* (Cambridge, Mass.: Harvard University Press, 1979). Daniel Roche, *Les Républicains des lettres: Gens des culture et Lumiére au XVIIIe siécle* (Paris: Fayard, 1988).

的理解与掌握；更精确地说，历史一定是关乎整体。新文化史对思想史研究最大的启发，应该是提醒思想史工作，观念与价值只能表现在某种文化物件如书本、书信、图像、行为仪式之上。而这些文化物件的形式、物质特征，及其社会生命（它们如何被制作、编纂、抄录、贩卖、阅读）与观念本身一样，都会影响着历史的发展。诚如前述，今日西方世界与中世纪之所以不同，当然与16世纪甚至14世纪以来，欧洲对于人性、神性、自然、权利、自由、秩序等等观念的不断陈述与修正有关。但在很多重大政治事件中，乘载观念的形式同样发挥了影响，因为毕竟是这些形式让观念传递到接受者的面前。对新文化史学者而言，与其说孟德斯鸠、卢梭、伏尔泰的思想造成法国大革命的爆发，不如说是这些思想家的著作与观念在特定的空间（例如咖啡馆、文人社团、图书馆、街头）、以特定的形式（例如百科全书、口袋本、宣传单）进入公共领域才具备了社会影响力。

但从另一方面来看，没有观念分析的18世纪启蒙时代或（新）文化史研究终究不可思议。启蒙思想的社会史分析当然是以观念的存在与重要性为前提而发展出来的。但如果我们因此以为对启蒙观念与价值的理解已经彻底且无须再议，那既非事实，恐怕也不符合研究的精神，毕竟学术研究的动力来自"于不疑处而有疑"。有了文化史，思想史才能走得更广更远，但没有思想史的文化史就像是没有父母的儿童史一样不可想象。这自然不是宣称思想史与文化史之间有从属关系,而是强调它们之间有时间先后的关系。就如同"道"与"器"不可独立存在,但道必先于器。自从人类吃了知识树之果、发明了文字与历史记载,人就从此踏上追寻意义的道路,而且须臾不离。即便是不立文字的禅宗、返璞归真的老庄,都还是(或只能被看作)追寻意义、阐述意义的一种方式。生死、饮食等最根本、最直接、最无观念或价值关涉、最生物性的欲念或"意志",也必然被纳入了意义之网,没有例外。生活得像行尸走肉的个人固然绝无仅有,除却意义与价值,历史记载中的文字,必然随风而落,变成白纸。意义可以透过文字、仪式、行为、眼神、习俗、法规、图像、游戏来传达,也可以镶嵌在社会结构与政治制度之内,思想史学者的工作就是想办法去理解这些"文化实践"背后的意义。如果新文化史家不只发掘、重建、叙述(无论如何之稠密)一地一时的文化实践,而且试图阐述这些文化实践的社会意义,或对参与者的意义,那么他就是从文化史进入思想史的领域。以启蒙为例,新文化史中的子题如出版史、阅读史、传播史等所关注在于书籍的生产过程与人(接触知识或资讯)的行为。但细究之下我们应该发现,其所生产的真正商品,其实不是书籍,而是观念与情思。同理,人集合的目的不是为了理性地创造阅读社会或文明社会,而是为了交流,交换想法与情感。文化史家注重书写、印刷、编辑的形式、载体、象征、传递方式、文化权力所表现的地理与空间等等,透过他们的努力,思想史学者已经更敏感于乘载观念或内容的形式、物质与空间对思想史研究的重要,理解到"道"不可离"器"而行。但反过来说,思想与观念不可能化约成形式;潘恩的《常识》在美国革命过程具有相当的影响力,主要还是它以更为通俗晓畅,甚至带着激越的语气与修辞,将英国从17世纪以来逐渐发展的自然权利观念传达给北美群众。费城的印刷文化、《常识》的廉价出版与盗版,的确帮助了这一节的历史动向与发展,但与独立后北美社会的政治文化、宪政体制、法律至上倾向等特色关系密切的前因,显然是自然权利、议会代表等意识形态与价值理念。真正影响人类社会与制度变迁的是书本内容而非书本形式与流通。也因此,相较于形式与物质,思想史特别看重人、观念与文字,关心这些分析对象的历史重量。

值得注意的是,有些被认为是文化史家的学者其实对于观念史与思想家的著作有着长期的浸淫与兴趣。20世纪最重要的新文化史家彼得·伯克其实是萨塞克斯大学的思想史研究中心的最早成员之一,他的成名作《近代早期欧洲的庶民文化》就是在该思想中心任内完成的。[1] 伯克在本书中自承他使用了所谓"间接阅读"(oblique reading),其意是说,因为庶民自己没有留下文字材料,我们今日对其生活、行为、情感的认识,都只能透过文人或中上阶级对他们的描述辗转得知。从文人或中上阶级的描述来重建

---

[1] Peter Burke, *Popular Culture in Early Modern Europe* (London: T. Smoth, 1978). 现行中文译本为杨豫、王海良译《欧洲近代早期的大众文化》(上海:上海人民出版社,2005)。

庶民或中下阶层群众的世界，就需要倚赖间接阅读的方法。伯克从中上层作家、思想史家习见的文本，例如格林（Jacob Grimm, 1777—1864）、赫德、马克佛森（James Macpherson, 1736—1796）等人的听闻记录，间接吸收有关当时庶民文化的知识，是构成这本重要著作的重要成分。20世纪牛津大学"大师系列"中，意大利哲学家、神学家、语言学家维柯（Giambattista Vico, 1688—1744）的生平与思想介绍，就是出自伯克之笔。① 另外20世纪晚期在北美扛起新文化史大纛的史家林·亨特（Lynn Hunt，1945年生）后来也编纂、研究启蒙或革命观念的书籍与课题。② 伯克的例子说明了在19世纪之前，所谓思想史文本常常也是文化史的资源。林·亨特的例子则说明了，为了整体性地理解历史，尤其是像法国大革命、启蒙运动此等关乎意识形态、观念、

---

① Peter Burke, *Vico* (Oxford: Oxford University Press, 1985).
② Jack R. Sencer and Lynn Hunt, *Liberty, Equality and Fraternity: Exploring the French Revolution* (University Park, PA: Penn State University Press, 2001). Lynn Hunt, *Inventing the Human Right: A History* (New York: W. W. Norton & Company, 2007). Lynn Hunt (ed.), *The French Revolution and Human Rights: A Brief Documentary History, edited, translated and with an introduction by Lynn Hunt* (Boston:/New York: Bedford/St. Martin's, 1996). 20世纪北美最重要的文化史家之一，娜塔莉·戴维斯曾面告笔者，她的第一篇（在美国发表的）学术文章其实是发在洛夫乔伊创办的《观念史学报》。戴维斯教授何以特别向作者指出此一往事，颇值得回味。见 Nathalie Zemon Davis, "Sixteenth-Century Frenchl Arithmetics on Business Life," *Journal of the History of Ideas*, 21:1(1960), pp.18-48. 从伯克与戴维斯的例子，我们似乎看到许多第一代新文化史家原本的学术背景与广义思想史有着密切关系。然抑否耶？比戴维斯晚一辈的重要文化史家格拉夫敦（Anthony Grafton，1950年生）则曾经担任《观念史学报》主编多年。此一个别现象可能不易复制，但多少还是可以说明英语世界里的思想史与文化史在各自发展历程中，有几段交叉重叠，乃至相互影响的辩证过程。

价值的历史,思想史与文化史已经是不可拆离的车之两轮。

回到思想史研究对象的问题。希望扩大思想史研究的范围、资料,是研究者的普遍心声。佩罗(Jean-Claude Perrot,1928—2021)以研究卡昂(Caen)地区的人口与社会史成为专业史家。他认为思想史应该扩大至涵盖政治经济学作品;同时,社会史家应该学习抽象语言,例如研究17世纪社会史,以了解当时人的"城市"概念究竟为何。① 其实佩罗希望史家做的事就是韦伯的学术,只是韦伯是以后世理论家的综合分析能力,将欧洲人对城市的各种管理法令、态度加以概念化,而非仅仅简单再现当时人的城市概念。所以韦伯的城市研究可以成为跨时空的比较课题。佩罗的呼吁在英语学界其实已经实践有年。前面提到的洪特、温奇就是著名的例子。② 此外,近十年以英国与法国政治经济学为核心的广义思想史研究有很明显的上升趋势,这些重要发展显示了英语世界思想史研究的强韧。③

---

① Jean-Claude Perrot, *Une histoire intellectualle de l'èconomie politique Xviie Xviiie* (Paris: EHESS, 1995). Antoine Lilti, trans. by Will Slauter, "Does Intellectual History Exit in France?: The Chronicle of a Renaissance Foretold," in Darrin M. McMahon and Samuel Mpyn (eds.), *Rethinking Modern European Intellectual History*, (Oxford: Oxford University Press, 2014), pp. 57 - 73; pp. 60 - 61.
② István Hont, *The Jealousy of the Trade: International Competition and the Nation-State in Historical Perspective* (MA.: Harvard University Press, 2010). Donald Winch, *Rich and Poverty: An Intellectual History of Political Economy in Britain, 1750 - 1834* (Cambridge: Cambridge University Press, 1996).
③ 参考 Steven L. Kaplan and Sophus A. Reinert (eds.), *The Economic Turn: Recasting Political Economy in Enlightenment Europe* (Anthem Press, 2019); Sophus Reinert (ed.), *Political Economy of Empire in Early Modern World* (New York: Palgrave, 2013)。

重要性是决定是否应该进入史册或是否值得被研究的首要准则。不同时代的史家的确可以,事实上也会重新思考、定义"历史的重要性"。以往史书只记载王公将相,现在史家同时看重下层民众、妇女、少数族裔、边缘人物,代表了历史研究者认为应该重新思考历史的动力之所在,或历史重要性如何被呈现,因此试图改变史学的价值原则、甄选原则。意大利哲学家克罗齐(Benedetto Croce,1866—1952)说"所有的历史都是当代史",意思是说,历史一定是史家所捡择、筛选、组织、论述之后的结果;史家作为一个群体,其动向、价值、习惯、信念、伦理、能力、见识决定了历史(的呈现)。学院史家在选择题目与从事研究时,难免有盲点与困惑,其中一项就表现在面对新史料时容易显得脆弱,容易受其限制,更容易受其蛊惑。试想今天如果在某个地方出现三百年前一位三家村学究的大量读书笔记、日记,一定会有许多学院史家趋之若鹜,愿意花许多精力去解读、研究、发表,而不先考虑此公的重要性与意义。英国的俄国史专家卡尔有句广为传诵的话:"历史是现在与过去不断的对话。"卡尔的本意是说,不同时代会对过去产生不同的解释与态度。卡尔的话与克罗齐的"所有的历史都是当代史"并无不同,只是说得更简洁且隽永。但事实上历史学者最亲近的问题不是史观(的转变),毕竟一名史家终其一生大概只有一次是有意识地改变或选择自己的史观。历史学者最亲密的事物依旧是史料。历史学徒除了要能上穷碧落下黄泉地找新史料,也要能与史料不断对话；除了要从旧史料中找出新课题、新意义，更要能从宏观角度舍弃充满诱惑却不具高度历史意义的史料。

从另一个角度讲，思想史与心态史各自反映了不同的文化层面，代表了完全不同的历史意义与重要性，它们之间应该是互补，而非取代的关系。或许，所有的人都应该被记住，都应该在历史上留下姓名，但他/她们适合在不同的地方，以各种不同的形式、文类被表达，被纪念。只是史学专业化让史家无法纵横于各场域，也才因此各自选择了相对适性的次领域，耕耘一生，而对其他同业园中的花繁锦簇只能欣赏。

归根结底，选择哪位或哪些思想人物为研究对象，关键在于我们要回答什么样的历史问题。相较于哲学史家，历史学者会将历史人物思想的精深与伟大置于议题之后。纯粹是因为某人的思想博大精深而加以记录，本无不可；只是如此地述而不作，就只是整理思想文献，用史家自身时代的话语重述（现）古人思想，却无关乎历史议题的叩问。早期许多思想史著作都是以各时代的代表人物的重要文本解释的整合。① 如果我们要研究北美独立运动或法国大革命思想的起源或意识形态基础，我们当然要研究许多

---

① 这一类的教科书与综论性、分析性教科书一样，都有其一般教育与专业教育的功能；而且不同的思想通史教科书依然有优劣之分，例如萧公权的《中国政治思想史》虽然也是以人物为纲，但作者能很有见识地分门别派，提纲挈领，呼应政治史发展，迄今依旧是值得参考的著作。葛兆光，《中国思想史》，页46—47。

所谓"二流"或"三流"的作家与思想家的作品。[1] 如果我们研究那个时代或后代对休谟怀疑论或无神论的接受与批判,那我们不只要研读二、三流思想家的作品,还需要阅读当时平凡作家们在报章杂志上发表的意见。如果我们要研究休谟或康德的思想传记,我们就不会有太多机会处理二、三流思想家,原因是康德和休谟较少与他们做重要对话。在某些情况下我们会帮所谓二流或三流的思想家做相当仔细的研究,甚至做思想传记,因为我们认为他/她在历史上的意义或作用被忽略了;这是重新诠释历史的必然结果,并非要哗众取宠或为研究而研究、为书写而书写。

总之,长期以来,中文学界谈论或使用"思想史"一词,其实指涉了欧美史学发展过程中的"哲学史""观念史""知识分子历史""概念史",而近年则有想要包含欧美的"文化史"与"心态史"等文类的倾向。诚如本书开头所言,一国的学术发展有其学术史因缘、机运、理路与限制,而其特色,正是这些内外因素互动的结果。不过,正如本书所要交代,不同的史学文类标示了学术发展的轨迹,显示各次文类所要强调的研究性质之差异,以及所要关注对象(之不同),其所映照出来的历史图像也必然风景殊异。

---

[1] Bernard Bailyn, *The Ideological Origins of the American Revolution* (Cambridge, Mass.: Belknap Press of Harvard University, 1967). David Armitage, *The Ideological Origins of the British Empire* (Cambridge: Cambridge University Press, 2000).

九

写作中的思想史

学院中谈论思想史，经常只是出于方便的统称；历史学者真正的研究标的通常偏向更次类的思想史如政治思想（史）（history of political thought，l'histoire de la pensée politique）、经济思想（史）（history of economic thought，l'histoire de la pensée économique）等。此一现象当然还是受到专业化的影响，但这结果却有助于我们透过政治史/政治思想史，经济史/经济思想史之间的差异，了解思想史的边界与特质。

　　一般"政治史"与"经济史"所描述的内容多半是外在事件的连锁发展。"事件"（events）被认为是组成历史的基本且核心元素，也因此是传统历史研究的重要对象。最常见的历史研究，就是联结许多大小不一的事件，去解释一个历史重大事件的原委、来龙去脉与因果关系。研究者发现事件，通常是通过人的"外在行为"，例如国王或皇帝登基、统治，政治权威拥有者与其他权威如宗教领导人之间的互动、合作、冲突，党派的结盟、纷争、权斗，法案的提议、折冲与制定，革命行动的爆发、发展过程，终至新政权的建立等。"政治史"的主要工作，就是将这些事件之间的关系梳理、归纳、排比出延续发展或变化、提出因果解释、说明影响等等。"经济史"则侧重于描述地形、物产种类、生产方式、组织、生产力、交通、贸易量或政策影响等，描述的内容也泰半集中于集体的经济行为，如交易、贸易、制定经济法规、新产品与生产工具的发明等等。至于"政治思想史"则着重于说明人们"思考"理想的政治社会，分析政治秩序的应然与实然，例如：国王或皇帝的权力来源为何？王权能不能、应不应该受到限制？政教关系的基本原则为何，人民是谁？人民是否有自然或天生的政治权利？而"经济思想史"则是研究不同时期、不同社会中的人如何思考经济行为与经济制度的重要性与意义，辩论何种生产方式最适合人类生活，经济活动与人性之间的关系，或经济活动如何帮助社会秩序与政治秩序的建立。换言之，相较于政治史与经济史着重于说明由人类外在行为所造成的重要历史事件之间的关系，"政治思想史"与"经济思想史"着重于人类内在价值与历史事件的关系。

综合上述，相对于"政治史"与"经济史"着重于"描述""交代""解释"人类在政治领域与经济领域的"外在行为"或成就（与失败），"政治思想史"与"经济思想史"旨在"揭示"这些行为背后的理据、动机、价值原则，也就是"内在目的"。此处用"揭示"一词来表述思想史的工作，其实是有意为之。人的外在行为容易被确认，无论是直接的证据或透过他人的记载、转述，都有迹可循——尽管历史学者必须做点考证、推敲、查验等侦探式的工作。但是人，尤其是政治人物或思想家在思考内在价值与目的时，不一定留下明显迹象。有时候是因为政治人物刻意掩藏，有时是因为思想家在漫长的思考过程中不免有所修正、转向，甚至有前后矛盾不清之处。尤其是历史研究经常牵涉人群集体活动，这群人的"价值与思维"绝无可能是单一的，也很难简化成清晰的原则，这就使得进行人群集体行为的思想分析变得异常棘手与困难。但这并不是说，思想史研究的对象，也就是思想活动本身无迹可循，只是思想活动（行为）不像一般政治或经济行为那样证据确凿、一目了然，所以要建立思考与书写，甚至文本与文本之间的关系，很难像政治史与经济史那样显而易见，容易令人信服。① 很多人，甚至包括历史学者都会认为思想史"虚无缥缈""天马行空"，部分原因在于思想史的历史说明与解释不完全建立在事件与事件之间的时序与"力"的关系上。举例来说，政治史家将巴黎市民攻击巴士底狱视为造成法国大革命的近因，或揭开 1789 年法国大革命序曲的事件。尔后，在象征国王专制权威的监狱发生暴动冲突之后，许多政治谣言开始流窜，人民对于王室，尤其是法王路易十六的王后的行谊开始诋毁，进而腐蚀对王室的信赖等等，即使此一叙述未必人人信服，但多数读者肯定会觉理通情

---

① 这就牵涉到研究思想史所需要的材料为何的问题。我们将在后面的章节讨论思想史的史料问题。

在。但说卢梭对人类不平等起源的描述,百科全书派人士的物质主义,或伏尔泰对教会的攻击"造成了"法国大革命,就很不容易一目了然,即便思想史家努力解释,争执的空间依然会存在。①

同样地,从政治史与经济史的角度解释英国的北美十三州殖民地的独立运动(1774—1784)的过程,容易显得深切著明。② 第一,长期以来有些北美居民不满母国英国的垄断经济政策——不准北美与荷兰、法国、西班牙等国直接贸易,所有运销欧洲的货物必须经过英国转运。第二,为了保护北美殖民地的利益,英国与法国爆发七年战争(1756—1763)。之后,英国为了弥补财政缺口,认为殖民地的军事与行政支出必须由当地居民负担,因此开征许多货物税如糖税、茶税等以补羡足。英国政府同时限定北美只能购买由英国东印度公司输入的茶叶,并且大力追缉走私,使得当地茶叶价格高涨。第三,北美人民认为,根据英国宪政,被征税者应有议会代表在国会参与表决,但是伦敦政府认为北美只是殖民地,既非选区也非自由城邦,无权选出议员,所以拒绝了北美民众的要求。第四,法国为了报复英法战争的失败,以及平衡英国在北美的势力,积极介入支援分离运动者,最终爆发全面的军事冲突,导致北美独立。

相较之下,如果从思想史的角度看北美的独立运动,

---

① 可参考 Jack R. Censer, "Intellectual History and the Cause of the French Revolution," *Journal of Social History*, 52:3(2019), pp. 545 - 554。
② Robert Middlekauff, *The Glorious Cause: The American Revolution, 1763 - 1789* (Oxford: Oxford University Press, 1982).

表面上结论就不会像上述政治史与经济史解释那般确切而明白。例如有相当多史家相信，洛克的财产自由与社会契约论是北美独立运动的思想根源。洛克在其著作，尤其是《政府论》中认为，政府的责任就是保护人民的财产与人身安全，也就是人的天生权利。政府只是人民创建出来保护这些权利的代议机构。英国伦敦政府对北美征税以及强制贸易垄断这些作为，有失上述政治原则，因此需要导正，或者应该拒绝其统治。近来也有史家从欧陆的激进政治哲学传统如斯宾诺莎的哲学，讨论此一蕴含民主的激进传统如何影响了北美的民主。[1] 此外，诚如大家耳熟能详的，1760年代，尤其是革命前夕的北美社会中最为活跃的思想家可能是强调人有天生的政治权利的潘恩。换言之，洛克的社会契约论、斯宾诺莎的民主思想与潘恩强调的天赋人权都可能是美洲独立运动的思想源头。但究竟何者才是最为关键的原因，还是三者同等重要？可能就会聚讼纷纭，难有断论。要在这些思想与北美抗议运动之间建立起确定不移的关系，洵非易事。用历史学的术语来说，政治史与经济史的写作，比较能够建立明确因果关系的说明与"解释"（explanation），而思想史写作则倚赖历史与对文献的"诠释"（interpretation）。法案的公布与公布之后人们的抗议，很容易建立起明确的因果关系，因为这些是外在或外

---

[1] Jonathan Israel, *Democratic Enlightenment: Philosophy, Revolution and Human Rights 1750 - 1790* (Oxford: Oxford University Press, 2016); *Expanding Blaze: How American Revolution Ignited the World, 1774 - 1848* (Oxford: Oxford University Press, 2017).

部的行为，可被"观察"得知。但思想却是内在的行为，要捉摸到思想本身，本就不易，而要掌握到关键、真正有影响力的思想，并将它与事件之间建立起可资说明的关系，自然难上加难。困难是必然的，而史家之所以仍愿意投入其间，原因就在于人是有思想的动物，人的行为背后多少有一定的理据支撑，而行为的目的，则一定牵涉到价值原则。不厘清这些价值原则，历史的理解很难算是完成。

法国20世纪的大史家布罗代尔的名著《地中海与菲利普二世时代的地中海世界》向世人展示了经过长时间才会有所变化的地理环境这一层物质世界可以成为理解人类生活与历史的重大因素、结构或背景。根据这样的构想，历史至少包括了事件（èvénement）的短时间、经济循环的中段时间（conjuncture）与地理环境所代表的长时间（longue durée）。[1] 很遗憾，布罗代尔并未赋予观念与思想以历史地位。在我们看来，除了政治、经济与地理，历史还有另一种时间，就是价值形态的变化。无论今天人类拥有的科技能量是福是祸，现代科技一定是部分基于培根的方法论与《新亚特兰大》（*New Atlantis*，1626）中的乌托邦思想——工艺与科学的发展可以创造干净、幸福、有秩序的社会。从超越政治时间，甚至经济时间的角度来看，今天法国的政治价值与伏尔泰、卢梭所规范的价值越来越合辙，越来越接近。如果说法国大革命是法国近代世俗与

---

[1] Fernand Braudel, "La longue durée," *Annales: Économies, Sociétés, Civilisations*, 13:4(1958), pp. 725–753.

政治价值建立过程中的一次大塑型，那么伏尔泰、卢梭等人对法国大革命的影响就无可置疑了。上述这些世界观的世俗化，人民主权观念的普遍化、制度化等等，有其历史发展，但它们不能归属于事件，也无法以经济学的周期概念，或环境地理的长时间概念来衡量、比较、揣度。

美国独立运动的历史建构或许可以更清楚地说明思想史的意义。北美殖民群众抗税，表面上是因为经济理由，但深一层来看，群众抗议造乱的理据是行政法令颁布的合法性或合宪性，而不是税金本身。抗议法令之颁布等于涉及了对政治原则的质疑，甚至涉及具有普遍意义，例如正义或人权等价值的考量。从不想缴税到以抗税为理由反对政府，甚至拿起枪杆对抗政府，期间经过酝酿、发酵、反刍、沉淀。原先抗拒缴税这表面上的金钱利益问题随着时间发展，就逐渐被深化、理性化，甚至被价值化、原则化、正当化了。所有政府都有税赋，绝大多数人民都会对于缴税有着或深或浅的抗拒，但极少社会的人民会以抗税为主要诉求与政府进行军事对抗。① 换种方式讲，表面的税赋

---

① 中国传统历史上以轻税为主，但是变相的税责如繇役，"佣""调"之类则不轻，在歉收或战乱之时，民众生活压力陡增。每个朝代晚期的民变，多是受到天灾、土地兼并等各种因素造成的农民生活困苦而引发流民，或所谓官逼民反而产生。在政治意识形态上则经常出现均田均地的概念——一种"三代理想"加上朴素的正义概念形成的政治观念。三代之治与期许圣王之治其实是一体的两面，所以民变之后的朝代更迭，开国君主多有令人气象一新之势。反之，17至18世纪欧洲近代革命的意识形态是以个人权利为主的法治。以个人为权利单位的政治想象，必须有超越个人的政治团体来保障。法律来削减国王特权，限制国王权力。钱穆认为中国政治之所以不能称之为专制，那是因为中国其实是皇帝与士大夫集团共治。（钱穆的意见散见其著作如《国史大纲》《中国历代政治得失》等书。）虽然中国帝制史上有许多官员抗颜谏劝的佳话，但那只是在道德层面的作为，希（转下页）

利益冲突其实有着更深层的价值冲突。根据思想史的研究，在北美独立运动中，北美社会与伦敦政权的深层冲突围绕在"财产/人身自由"这个价值与观念之上。而财产与人身自由这个观念，是近代从欧陆、英格兰缓慢形成，终而被保守的价值。因为这一层思想史的原因，我们才能理解为什么当时许多英国本土的知识界人士会支持或同情北美独立运动，因为他们分享了价值理念，而非因为接受了武装抗变。

17世纪的英格兰逐渐从自然法发展出一种政府理论，就是政府存在的目的在于保障（个别）人民的生命与财产安全，这就是有名的契约理论。当年汉高祖刘邦入关中与百姓约法三章，说"杀人者死，伤人及盗者罪"所依据者也是人最根本的生存与自保原则所确认出来的"自然法"，两者意思完全相同——只是对于谁有权力去捍卫、保障这个自然法原则，不同社会有不同的想法与设计。在17世纪末的英格兰，确认"财产自由"是否被保障了的权力中心是议会，或是以士绅为主的"人民"，而不是国王。洛克在他的名著《政府论二讲》中就批评1680年即位的詹姆士二世对于"人民"财产与自由的侵夺。① 洛克的意见在北美知识圈中普遍被认可，这就是

（接上页）望以道德原则，也就是"道统"来要求皇帝。虽然西方基于"国王不会犯错"的信条而不允许百姓上法院对国王提出诉讼，但却可以提告国王的法律总顾问，也可以向国王求偿——也正是因为这原因，休谟在其名著《英格兰史》中表示，英格兰内战期间，清教徒所控制的议会审判查理一世是违宪的行为。话说回来，正因为清教徒的越轨作为而让议会的宪政地位从中世纪的国王幕僚位阶变为可与国王行政和统治权威相抗衡的立法部门。无论如何，在传统中国，虽说天子犯法与庶民同罪，但庶民向皇帝或其代理人提出诉讼是令人无法想象的。

① John Locke, *Second Treatise of Government* (Oxford: Oxford University Press).

北美殖民地居民之所以对英国议会的征税法案感到不满的深层原因——为什么北美"人民"不能参与决定、确认"北美人的财产自由"是否被保障？从伦敦政府的角度而言，殖民地居民是否具有"人民"的身份，不无可疑。毕竟即便在英格兰与苏格兰，也并非所有成年男子都拥有政治权力。有能力年缴交相当税赋以上的男子才被赋予政治权力，此一原则是否可以普遍施行于殖民地，或许可以讨论，但绝非必要。换言之，这里至少有"帝国与殖民地""普遍主权与政治权被代表"等两个层次的观念问题产生龃龉。

在《独立宣言》（*United States Declaration of Independence*，1776）里，北美十三州的代表很有意识地将他们反对的对象设定为"大不列颠的国王"，而不是英国人或英国议会，这显然是经过深思熟虑的措辞。更精确地说，《独立宣言》只提过一次"现任的英国国王"，此外一律不再以"国王"而是以第三人称"他"来指称乔治三世。文献指责说，"他"借由指挥殖民地官员，屡次解散人民议会，"他"阻止外国人归化成为北美人，"他"让北美司法权依赖他个人的意志，等等。《独立宣言》选用"他"来称呼乔治三世，同时说他是一位暴君（tyrant），类似孟子所说的"独夫"——如果统治者失去人民的期待，就失去了尊号与职位。所不同的是，《独立宣言》除了向世界各国声明政变与独立的缘由，也诉诸英国人对于人民的自由权利不该被国王任意剥夺的普遍认知。为什么英国政治会出现"人民"或议会与"国王"（君主制度）的对立？这就必须说到英格兰17世纪的内战（The Civil War，1642—1649）。

为什么会发生英格兰内战？这历史问题的提出也可以拿来作为思想史研究的重要例子。传统政治史的解释认为，从苏格兰王詹姆士六世（James VI，1566—1625，1567—1625在位）继承伊丽莎白入主英格兰之后（成为英格兰王詹姆士一世，James I，1603—1625在位），以新教为国教的英格兰菁英就对他的天主教家庭背景表示疑虑。① 他的儿子查理一世（Charles I，1600—1649，1625—1649在位）不只继续提倡他父亲所相信的"君权神授"（the Divine Right of King）观念，更与法国波旁王朝相呼应，一起往"绝对君主制"（absolutism）道路前进，举行国王"神圣触摸"（Royal Touch）仪式帮百姓治病；此后更关闭国会，实行个人统治（Personal Rule，1629—1640），以行政权取代立法权，开征新税。这些措施使得英格兰国会派士绅终于起兵反抗。以劳伦·斯通为主的左派史家认为，所谓"英格兰内战"其实应该正名为"英格兰革命"；它是从16世纪伊始，英格兰社会经过一连串社会经济革命的最终结果。简单说，早期英格兰的手工业进展与产业商品化，使得以土地作为财富与权势来源的贵族阶级逐渐式微，掌握流动资金与手工业的城市中产阶级逐渐兴起。中产阶级为

---

① 詹姆士六世暨詹姆士一世本人虽为新教徒，但他的母亲就是支持天主教，与伊丽莎白一世有过血腥政治交手，最终被伊丽莎白处死的玛莉女王（Queen Mary of the Scots，1542—1587）。他对天主教也比较宽容。詹姆士一世的儿子查理一世更娶了天主教的王后，并让自己的儿子詹姆士二世受洗成为天主教徒。

了保护他们在市场的优势与资本的累积,逐渐对国王的专断统治失去耐性,同时感觉自身的影响力在扩大。斯通认为,1642—1649年的内战,不过是从16世纪初至17世纪中叶这一百五十年经济结构与社会矛盾激化,也就是社会与经济革命的最终表现。① 斯通的历史解释相当精彩,但他的解释可以说明结构因素,却无法解释历史行动者的身份——为何这场内战的领导者多半出身于卡尔文教派?宗教信仰是否为英格兰内战的导火线或原因之一?另一位重要左派史家克里斯多佛·希尔出版《英格兰革命的思想起源》(*Intellectual Origins of the English Revolution*,1965)试图从卡尔文宗教文化与科学精神面向解释英国内战的原因。② 希尔自承,本书书名有意仿效莫尔内名著《法国革命的思想起源,1715—1787》③,但其实希尔的主人翁不全是像伏尔泰、狄德罗、卢梭那类动见观瞻或名声显赫的泛欧洲知识分子。希尔描绘一个复杂的知识图像,其中虽有人具有全国知名度,如科学家与法官培根、诗人西德尼(Philip Sidney,1554—1586)、冒险家雷利(Walter

---

① Lawrence Stone, *The Crisis of the Aristocracy, 1558 - 1641* (Oxford: The Clarendon Press, 1965). 承同事李峙皞博士提醒,史东等左派史家对英格兰内战的历史解释应该与陶尼(R. H. Tawney)论断17世纪的政治变革起于内战前四十年的经济发展有关。参见 R. H. Tawney, "The Rise of the Gentry, 1558 - 1640," *The Economic History Review* 11: 1 (1941), pp. 1 - 38. 陶尼此处显然是接续马克斯·韦伯的"资本主义"课题,认为此时期西欧与英格兰出现了农业资本主义,从而造成英格兰绅士阶级的兴起。笔者感谢李博士提醒并提供陶尼著作参阅。

② Christopher Hill, *Intellectual Origins of the English Revolution Revisited* (Oxford: Clarendon Press, 1997).

③ Daniel Mornet, *Les origines intellectuelles de la Révolution française 1715 - 1787*. 参见第111页注②。

Raleigh,1552—1618)、法官库克(Edward Coke,1552—1634)等等,但还有更多是具有创造力的地方型的知识分子。他们很多是新教徒,像是追随法国卡尔文教派者拉慕斯(Petrus Ramus,1515—1572)教义的新教徒、长老教徒,以及平等主义者(Levellers)。希尔透过复杂的知识创新群体,描绘英格兰内战(革命)前夕,这群人对于契约、宪政理念的关注与追求;这些新政治价值最终从根本上颠覆了贵族与封建体制。①

政治思想史家贾森(Margaret Judson,1899—1991)认为,表面上看,英格兰内战是王权与议会之间的冲突;但深入点看,他们之间之所以相持不下的原因,在于英格兰当时尚欠缺清楚的"主权"(sovereign)概念,也就是在一国(state)之内,究竟是哪个人、哪个团体,或哪个机构,对政治事务,尤其是党派意见冲突有最终的决断权。直到内战结束,英格兰人才恍然大悟确认主权之所在的重要。这个历史解释让霍布斯在《利维坦》中苦心孤诣创造主权概念的思想工作有了着落,可以得到合理解释。② 与贾森从观念的角度切入不同,波考克是从历史参与者的行动与政治语言的关系入手,他的《马基雅维利时刻》可以视为这一百五十年(1640—1790)欧美几波政治革命如英

---

① Christopher Hill, *Intellectual Origins of the English Revolution Revisited* (Oxford: Clarendon Press, 1997), pp. 237-267.
② Margaret Judson, *Crisis of the Constitution* (New Brunswick: Rutgers University Press, 1988). D. Alan Orr, "Sovereignty, Supremacy and the Origin of the English Civil War," *History*, 87:288(2002), pp. 374-490.

格兰革命、北美革命、法国大革命等提出以共和主义为基调的历史解释。这些重大历史变革中的行动主体中有许多人相信、提倡、传布共和价值，只是在不同的时代与社会中，共和主义的呈现方式与所强调的重点不尽相同。[1]

从英格兰内战到美洲独立运动，甚至到后来的法国大革命、俄国革命等等重大历史事件，我们可以得知，极端困苦的人民走投无路的造反或局部的民变，可能出自纯粹的生存利害关系或完全的物质因素，但是从局部民变到全面抗争，宗教信仰、意识形态、价值原则因素与物质因素可能就变得重要，这可以从中国历史上几次重大民变如黄巾之乱、太平天国运动都有宗教神学因素，得到证明。而从全面抗争到建立新政权的正当性，获得历史叙述的支持，必然是思想变革的结果；每个人的利益不尽相同，而理念则可以超越个人。19世纪末以来世界各地如俄国、土耳其、印度、中国的革命，政治观念与政治价值扮演了关键的角色，说明思想在政治变革中的重要作用。[2]

在此，我们或许应该补充说明，政治价值常常不只是

---

[1] J. G. A. Pocock, *The Machiavellian Moment* (Princeton: Princeton University Press, 1974).

[2] 19世纪初黑格尔曾说，中国或其他亚洲国家都只有朝代更迭而没有革命（revolution）。黑格尔所说的革命，是指离开原地，到另外一种具有进步意义的境界与制度里去。而制度的目的，在于实践自由的需求。在一片批评欧洲中心主义以及后工业的时代气氛中，黑格尔的历史哲学与观念论已经被严重边缘化。不过中国近一百多年的两次革命与过去民变和改朝换代的最大不同，就是新政治观与世界观的改变。过去研究民变时，物质条件、人民生活、吏治良窳无疑是关键课题；但研究革命时，除了这些固有条件，势必还需要将政治、道德观念与政治价值提到优先的研究议程中去。G. W. F. Hegel, trans. by H. B. Nisbet, *Lectures on the Philosophy of World History* (Cambridge: Cambridge University Press, 1989).

"政治的",它们与道德、人性论等问题常有紧密关联。例如霍布斯认为人天生具有无可救药的骄傲、自爱、自私,因而倾向与人争夺。所以人类这种物种无法主动形成和平、和乐的政治团体,他们必须有自觉地同意将政治权力交付出去,给予一个超然的政治权威来管理他们。[1] 卢梭反对霍布斯的人性论。他认为人固然会要求自身的温饱,但不会无故侵犯他人。与霍布斯正好相反,卢梭相信人具有天生的同情心,这使得人群可以形成可以合作的团体。虽然卢梭的人性论与其著名的政治理念——"普遍意志"——之间似乎存在着逻辑跳跃,但相对于霍布斯的享乐主义与原子化个人只能组成乌合之众(multitude),卢梭的人性论相信人作为行动主体可以拥有美德(virtue),所以可以主动地形成政治社会。美德这个人性论的理念后来在法国大革命中扮演了极为重要的角色。罗伯斯庇尔强调美德统治,最终导致恐怖统治,正是西方长久以来道德哲学传统对政治生活的影响。总之,如果我们想穿透历史的表面,知道人类历史巨大变动背后更深刻所由,或想掌握历史的整体面貌,思想史无疑是理解历史不可或缺的面向。

---

[1] Thomas Hobbes, *The Leviathan* (Cambridge: Cambridge University Press, 1989).

十

当前思想史的发展–跨境思想史研究

经过20世纪下半叶的思想史方法论探讨以及出版,思想史作为一门次领域已经根深叶茂,这从相关学报的创立、系列出版品与高等教育机构的思想史中心的成立可以得知。唯从21世纪初以来,欧美思想史发展又有了一些明显转折,其中有两项变化特别值得讨论。第一,从研究内容与写作来看,许多思想史研究者呼吁尝试超越国族历史,此点很明显与1980年代的国族脉络思想史有所不同。第二,从思想史研究的外部因缘来看,思想史社群的形成已不局限于传统的单一学科,而具明显的跨学科色彩。

近二十年来,呼吁跨国族思想史研究的声音异常嘹亮。相较于中文世界习惯以研究对象的社会阶层与学术地位来判断应否成为思想史讨论的课题,西方在思考此类问题时习惯以时间、空间两条维度来调节思想史研究对象的宽窄。相对于布罗代尔的"长时间"概念,近几十年西方史学似乎有着"空间革命",倡议历史研究要尽可能扩大地理范围,至少要超越国族边界。不同的学者倾向使用不同的概念来传达这项愿景与新趋势,其中比较值得关注的有

"国际思想史"或"思想史的国际转向"(international turn of intellectual history)、"世界思想史"(world intellectual history)、"全球思想史"(global intellectual history)等三种命名。① 前文提到,1980年代以来,受到语言转向与脉络主义的启发,英语世界出现以国族脉络来讨论重要历史主题的风气。以启蒙运动为例,史家们开始从各国族的政治、社会、宗教特色等条件考察各自的"启蒙"特质,例如德语区南部以天主教保守启蒙为其特色,德语区北部(新教)的启蒙文化表现在由上而下的教育改革与国家的角色,意大利受地形与政治影响而形成的各自半封闭的知识团体以及致力于司法改革的理性主义传统,英格兰启蒙表现在城市生活与神职人员的知识贡献与参与,苏格兰启蒙是在苏、英合并的背景下所出现的温和启蒙,等等。此一波研究趋势最可贵的学术遗产是让大写的或单一的、概括式的欧洲"启蒙运动"(Enlightenment)变成复数,同时更精细的启蒙运动(enlightenments)。从学术的进展来说,复数启蒙运动的出现,试图更精准地掌握历史行动者所使用的语言,不仅仅维持在抽象层次上理

---

① John G. A. Pocock, "On the ungloblity of contexts: Cambridge methods and the history of political thought," *Global Intellectual History*, 4:1(2019), pp. 1-14. David Armitage, "The International Turn of Intellectual History," in Darrin M. McMahon (eds.), *Rethinking Modern European Intellectual History* (Oxford: Oxford University Press, 2014), pp. 232-252. Samuel Moyn and Andrew Sartori, "Approaches to Global Intellectual History," in Samuel Moyn and Andrew Sartori (eds.), *Global Intellectual History* (New York: Columbia University Press, 2013), pp. 3-30. 我们认为跨境思想史(transnational intellectual history)或许是更值得东亚,尤其是近代中国思想史学者注意的类型与方法。以下我们将稍微讨论到跨境思想史的意义。

解他们的"理论"与"哲学见解",而能进一步将他们高明或高深的论述与现实社会的关怀联结起来。① 不过,国族以及深受国族影响的语言虽可以为思想史研究带来令人惊艳的成果,但并非没有缺陷与限制。例如 18 世纪的欧洲作家们确实有普世主义的态度,例如相信人性举世皆然;他们当中一些人也拥抱世界主义,认为人与国家应该彼此合作、共存。普遍主义,世界主义,对平等、人民权利的思考等等课题与思想特征,固然可以放进国族主义脉络来分析,但显然不该只囿于国族脉络。当历史行动者开始思考跨国境的议题,国族主义以及特定的语言、文本脉络就显得支绌了。

诚如阿米蒂奇(David Armitage,1965 年生)所说,人类历史上大多数时候是以帝国为政治体;换言之,从政治史角度看,人类历史大多数时候是多民族或跨民族的(international)。② 这是阿米蒂奇倡议跨族或国际思想史的主要理据。③ 随着"全球化"的浪潮,近二十年史学界也

---

① Roy Porter and Mikuláš̌ Teich (eds.), *The Enlightenment in National Context* (Cambridge: Cambridge University Press, 1981).
② 阿米蒂奇,《思想史的国际转向》,《思想史》1:1(2013),页 213—241。David Armitage, "The International Turn of Intellectual History," in Darrin M. McMahon (eds.), *Rethinking Modern European Intellectual History* (Oxford: Oxford University Press, 2014), pp. 232 - 252.
③ International 一般译为国际,但这显然是受到欧洲 17 世纪之后的民族国家(nation-states)历史所影响而形塑出来的观念。罗马帝国中心与外邦的关系,或清廷与蒙古族、新疆回族的关系,可以是 international(多/跨族群的),却不能以现代的国际关系来理解。葛兆光对强调国际思想史一节有不同的态度。可参考葛兆光,《"思想史国际转向"与东亚或中国思想史研究——对 David Armitage 教授〈思想史的国际转向〉一文的回应》,《思想史》1:1(2013),页 257—278。

掀起了全球史的风潮。① 全球化概念有一元主义的暗示，表示区域或国族差异的消失或边缘化——这与所谓"历史的终结"概念只有一线之隔。② 表面上看，一元倾向的全球化与强调独特和个别的史学研究有本质上的冲突。但其实最早的全球史研究与贸易史、海洋史、消费史、科学史等研究有关，其强调的面向在于"物质的跨境传递"与"人员及贸易的跨洲联结"——联结点逐渐遍布全球。随着全球史话题的蔓延，全球史除了处理真实发生的准全球性历史发展如贸易、枪炮、病毒、动植物的移植、19世纪之后的帝国主义与革命等事物与现象的全球普遍化，其所谓"全球"，更常被用来代表整体、鸟瞰的视角，暗示所处理的主题与世界逐渐缩小成单一体这件事情密切相关。在此意义上，全球史与以往所称的世界史没有明显不同，只是更能反映20世纪人类的历史与心理想象——世界各角落人群的互动越来越可能，也越来越紧密，而且会

---

① 比较具代表性的说帖，可见康拉德（Sebastian Conrad，1966年生）的综述，《全球史是什么》（*What Is Global History*, Princeton: Princeton University Press, 2017）。北卡罗来纳大学历史系与杜克大学合办的"全球史"学程，认为全球史强调超越地区、国族单一文明的历程。这些历程包括"殖民主义、帝国主义、国族主义、国际关系、环境、宗教、劳动力、性别、商贸、流行文化、人口"。又说，全球史者，是想以整体地球（planetary）、跨国族（transnational）的视角，以期达到从固有的区域或国族角度所无法获致的洞见。参见 https://history.unc.edu/what-we-study/global-history/（网络资讯于2022年6月20日取得）。其实这些历程早已是历史学研究多年的课题。课程说明的举例固然挂一漏万，但只是暗示新的研究视角可以获得新的研究成果。
② Francis Fukuyama, *The End of History and the Last Man* (New York: Free Press, 1992).

朝着此一方向继续前进。① 在此背景下,晚近有学者倡议"全球思想史"(global intellectual history),将原本偏重物质的全球史加入观念的全球史类型。莫恩(Samuel Moyn,1972年生)与沙多立(Andrew Sartori,1969年生)认为,全球概念可以:(一)作为史家的后设分析范畴;(二)作为一种空间,以及实际分析的内容;(三)指存在于历史人物主观意识内的"全球"。②

表面上看,这些倡议都认为思想史研究应该超出国族,尽量扩展研究所涵盖的地理空间。随着空间的显著外延,intellectual history 一词,已经不再是狭隘的知识(分子)的历史,而只能是以观念为主要分析对象的历史了;这意思是说,个别知识分子的个人思想传记因素以及所处社会的地方情节,很难进入全球的分析。如果史家真能找到一个莫恩所说的"后设分析范畴",也就是一种独特的全球视野,其研究必能为读者与学界提供清新的观点。但在空间极度扩大的当下,如何维持历史学的真正本业,也就是呈现(长)时间变化,如何避免将历史描述成以单点(单一重要文本)为节点所串联起来的观念发展史,如何避免无视于斯金纳思想史的基本关怀——不隐埋掉历史思想人物

---

① 许多刊载于《全球史学报》(*Journal of Global History*)以及《全球思想史》学报(*Global Intellectual History*),多数文章的主题甚至写作方式,与传统世界史,甚至国别史、地方史没有特别不同。
② Samuel Moyn and Andrew Sartori, "Approaches to Global Intellectual History," in Samuel Moyn and Andrew Sartori (eds.), *Global Intellectual History* (New York: Columbia University Press, 2013), pp. 3 - 30.

并保留必要的脉络分析,必然是所谓全球思想史所当面对的课题。① 波考克在一篇自省兼自解的文章中,提议以"世界思想史"(world intellectual history)来指称思想史的"全球转向",目的就是希望可以在扩大思想史研究空间的同时,葆有语言以及文本脉络的"家法"。波考克认为,相比于"全球","世界"概念与"多文化实体的存在"概念比较相契。他更进一步设想,世界思想史存在于轴枢时代(axial age,或译为"轴心时代"),例如几个独特且彼此独立的政治思想体系在特定时空中出现,就代表了政治思想的轴枢时代与世界史的显现。② 换句话说,对波考克而言,无论我们是要称跨国族思想史的写作为全球思想史还是世界思想史,其研究与书写的前提是要先确认某个轴枢时代的出现。

处今日世界,全球化是毋庸置疑的事实,尽管反对全

---

① Rosario Lopez, "The Quest for the Global: Remapping Intellectual History," *History of European Ideas*, 42:1(2106), pp. 155-160. Donald R. Kelley, "Intellectual History in a Global Age," *Journal of the History of Ideas*, 66:2 (2005), pp. 155-167. Sanjay Subrahmanyam, "Global Intellectual History Beyond Hegel and Marx," *History and Theory*, 54:1(2015), pp. 126-137.

② John G. A. Pocock, "On the unglobility of contexts: Cambridge methods and the history of political thought," *Global intellectual History*, 4:1(2019), p. 3. 轴枢时代概念出自德国学者卡尔·雅斯贝尔斯(Karl Jaspers, 1883—1969)的《论历史的起源与目标》(*The Origin and the Goal of History*)一书,其基本意思是说在公元前8世纪至前3世纪,世界几大宗教及其背后哲理已然完备。波考克暗示,政治思想史的轴枢时代应该在1500—1700年间。在此一时期,以拉丁文、希腊文、欧洲方言为主的欧洲,和以波斯文、阿拉伯文、伊斯兰文为主的亚洲,各有其完备的政治思想体系。Pocock, "On the unglobility of contexts: Cambridge methods and the history of political thought," *Global Intellectual history*(2019), Volume 4, Issue 1: British socialism(s) and European socialism(s), pp. 8-11.

球化的声音时有所闻，但与其说是人类希望返回20世纪中叶以前的世界，不如说是对于全球化所造成的极端现象的重视。今日银行、会计，现代主权国家，现代司法等制度已是全球相互仿效、共通的制度。人权、女性权利、劳工福利、环保意识等相关价值与观念也已经逐渐被世界各国所承认——尽管强调的重点与覆盖的稠密程度不一，工业制造的全球相依性其实是日渐加深而非变浅。但全球化并不表示国家已经丧失了它的正当性；正好相反，当代主权国家可能正以新的形式执行它的职能，甚至对抗全球化，重新巩固国家主权。正如葛兆光所言，中国史的特殊性无法让研究者放心地舍弃对国族脉络的继续深研。① 此外，波考克也提醒学者，全球化概念预设了"前全球化"的时代，暗示了有些时代会被排除在议程之外，而有些时代比其他时代更值得重视。全球化作为一种视角，的确可以提醒研究者随时保持灵敏，或许在习以为常的地理与空间框架与限制，或国族脉络之外，永远有另外一扇窗可以打开，让历史解释增加另一种可能。不过，史家对于地理与空间的敏感与企图心固然可取，他应该不能忘记，对于从长时间的角度追索思想事件的滥觞与来龙去脉，依旧是史家的核心关怀，毕竟历史研究的主要使命就是从时间与变化中寻求研究议题的答案。②

---

① 葛兆光，《"思想史国际转向"与东亚或中国思想史研究——对David Armitage教授〈思想史的国际转向〉一文的回应》，《思想史》1：1（2013），页257—278。
② 历史是时间之学；与时间相比，空间是第二义。

成熟的历史工作者不会为了超越国族而超越国族；反之，也不会明知跨国族研究可以让某一议题的解释更透彻、底蕴更宽广而刻意画地自限。19 世纪之后，国际法的倡议、正义概念的无远弗届、金融体系的统一、帝国的向外扩张等等现象让某些历史现象必须且只能以全球化作为视角。① 当然，远早于 19 世纪之前"全球化"就已经开始进行，它的力道常常超出我们所愿意承认的。但同样地，即使是在全球化至为明显的 21 世纪，地方风俗、经济与文化，也常常发挥超出我们愿意承认的方式与力道，继续形塑着地方人们的世界态度。总之，从历史研究的专业角度来讲，从文本、地方到国族、全球，脉络的宽窄必须与议题以及史料的性质相适应。处理 19 世纪下半叶帝国主义之后的世界，全球框架几乎是不可避免的入手处。② 正如同

---

① Jürgen Osterhammel, *The Transformation of the World: A Global History of the Nineteenth Century* (Princeton: Princeton University Press, 2014).
② 例如 Quinn Slobodia, *Globalist: The End of Empire and the Birth of Neoliberalism* (2018); Nicole Cu Unjieng Aboitiz, *Asian Place, Filipino Nation: A Global Intellectual History of the Philippine Revolution, 1887 – 1912* (New York: Columbia University Press, 2020)。严格说来，标榜全球思想史且获得极佳知识成就的史学作品尚不多见。微观历史使得史学与小说的界限变得模糊，而站在它对角线对面的全球史似乎充满史学议论，充满应该如何写宏观历史的讨论，却还没能写出精彩的思想故事。Arnulf Becker Lorca, *Mestizo International Law: A Global Intellectual History 1842 – 1933* (Cambridge: Cambridge University Press, 2014)讨论/比较了土耳其、中国、拉丁美洲国家与当时国际法的倡议和相关制度的筹议与设置。很可惜，书中对于中国历史的讨论都仰赖二手资料，而且书中内容几乎没有任何实质的思想或观念分析。W. R. Ward, *Early Evangelicalism: A Global Intellectual History, 1670 – 1789* (Cambridge: Cambridge University Press, 2006).虽有对神学家如卫斯理（John Wesley, 1703—1791）、爱德华（Jonathan Edwards, 1703—1758）的观点进行分析，但研究对象几乎陷于英国与北美，不知如此何以能称为全球思想史。

研究亚洲近代革命势必要从全球政治的浪潮着眼,研究梁启超、鲁迅、李大钊、孙中山等人的思想,却忽略了跨国的思想史面向,那就不容易窥其全貌,也平白丧失钩沉其世界史底蕴的机会。[①]

[①] 以宗教群体为研究对象的历史,也比较容易有所谓全球思想的基础,例如 Cemil Aydin, *The Idea of the Muslim World: A Global Intellectual History* (Cambridge: Harvard University Press, 2017)。

十一

从跨境思想史到比较思想史

19世纪以来,欧美的科技、经济、法律、政治、道德、人文、社会、艺术、医学等等各种相关建置与思想如狂风骤雨袭打东亚诸国,尤以朝鲜、日本与中国为最。研究中国民族主义、社会主义、胡适的科学观与自由观等等议题当然都可以专就中国当时的社会背景、在地脉络、中文(思想)语境来进行分析与撰述,但无可讳言,这样的做法无疑是将这些观念与思想在地化、国族化。讨论外来思想的在地化过程当然是重要的思想史叙事,但这只是整体思想史故事的一部分,而非全部。① 学者们开始注意观念、文本、思想从其"发生地"传布到其他语境的复杂过程。② 此一主题完全可以归属于国际思想史的范畴,但如果我们将重点聚焦在跨文化、跨语境与跨国族的"过程",那么此种文类或许可以称为跨境思想史——跨越单一国境与语境的思想史研究。跨境思想史当然与翻译有极为密切

---

① 刘禾著,宋伟杰译,《跨语际实践:文学、民族文化与被译介的现代性(中国,1900—1937)》(北京:生活・读书・新知三联书店,2008)。
② Fania Oz-Salzberger, *Translating Enlightenment: Scottish Civic Discourse in Eighteenth Century Germany* (Oxford: Oxford University Press, 1995).

的关系，但不会仅限于讨论翻译的良窳或正确与否，甚至在此研究中并不预设翻译的正确与否。用斯金纳的话来说，跨境思想史研究倾向将异境（国）文本的选择与翻译的工作当作行动来加以分析。

中文学界对于跨境思想史研究并不陌生，尤其是儒学与佛学（教）在南亚与东亚的传布都必然是跨境的。许多学者精确地了解，文本在传译过程中，许多看似"误读""误译"的关键概念与词汇，其实是译者有意将文本嵌入在地思想脉络的结果——如果过度或只专注于传播者是否正确理解西方观念，其实是买椟还珠的学术行为。[1] 既然在地脉络才是研究的重点，是否历史研究就不存在"误读"或"误译"的问题了呢？研究者尽力正确理解问题文本固然是研究的基本要求，如果研究者不知道文本在创造当地所具有的历史意义——我们不妨称之为"创地脉络"——他就不可能知道观念与思想在转译与传布过程中所遭遇的困难与变形。但是历史研究的重点不在以后代的"精进"或"相对正确"来俯视过去人物的思考与文化创作，而是

---

[1] 萧高彦，《〈民约论〉在中国：一个比较思想史的考察》，《思想史》3，页106—158。黄俊杰，《从中日比较思想史的视野论经典诠释的"脉络性转换"问题》，《台大历史学报》34（2004），页381—402。萧高彦自承他是以斯金纳的脉络主义以及刘禾所提议的"跨语境实践"来讨论晚清杨廷栋、刘师培、马君武等人对政治的想象与他们对卢梭思想的译介产生特定意义。黄俊杰研究认为，日本学者在传习中国经典时，经常会先将经典文本"去脉络化"，再进一步做"脉络性转换"。文中的去脉络化与脉络性转换主要是指"概念置换"，例如中国经典中的"中国"传到日本后会被改成"中道"等等。另外可以参考 C. K. Y. Shaw, "Yan Fu, John Seeley and Constitutional Discourses in Modern China: A Study in Comparative Political Thought," *History of Political Thought*, 37: 2 (2016), pp. 306 - 335。

要进入他们的时代条件与思考内部（这是种努力，但也是比喻性的说法），理解他们为何那样选择、翻译、传布、强调某些字句、段落、观念。更重要的，我们不只研究传布者本人的思考与理解，更研究他们的时代接受者。换言之，我们是在某一传入文本的文化与社会影响力的前提下，对那份特殊文本进行历史性的理解。所以我们是在文本与思想转译的整体效果与意义下来理解以该文本与思想为核心的历史。在此历史研究的意义中，纠错就变成非常边缘、微不足道的工作了。

所有的（异文化）文本阅读与挪用都是平等的，只是有些能发挥社会或时代影响力的（错误）阅读与挪用更加平等。不同社会在理解、实践某一观念与价值时，原就会因为不同的时空背景、社会条件、文化传统、语言限制而对该观念有不一样的理解。当关键观念与价值具有跨文化身份时，脉络化的历史理解就必须考虑多语、多国族脉络的问题。斯金纳本人似乎没有意识到跨境思想史的研究涉及"创地脉络-转地脉络"等复数脉络的问题。更公允地说，斯金纳对于"思想从跨境到进入新文化价值网络的故事"缺乏兴趣，毕竟他真正关心的是如何"历史地理解哲学"。但对于东亚思想史研究者，尤其是19世纪下半叶之后的东亚思想研究者而言，跨境思想史应该特别有意义，特别关键。

观念的跨文化传译会发生转地脉络与创地脉络之间的不同，所以有些学者会为他们的跨文化思想史研究冠上

"比较思想史"的品名。① 虽然脉络的转换一定造成特定观念在不同社会中出现或粗或细的样貌差异,但跨境思想史的叙述核心应该是观念流转、在地脉络化、差异实践等等历史叙述,而不是比较观念构想的异与同;简言之,比较思想史与跨境思想史应该属于不同的文类,各自有其价值与方法论上的特色。

跨境思想史研究观念与价值传递、转译与继受的历史,与绝大多数的历史一样,是发现、重构、解释与诠释的历史;而比较思想史的重点在于比较而非发现,它有赖学者依据其史识决定比较的课题,在拣选的同时,学者有义务说明其选择的原则与比较的基准。研究跨境思想史是在建立"一种"历史,一种观念从原生地流传到异地而被重新理解、利用与实践的历史;而研究比较思想史则是意图同时交代"两种"或多种历史,他将待比较的几种不同的历史片段从各自的连续的历史时间中切割出来并列而观,目的是要透过比较获知它们的独特之处。所以,虽然"比较思想史"涉及跨境,经常跨越国族空间,② 但它既非跨境思想史也非全球思想史,而应该是自成一类的历史书写。简单说,跨境思想史的研究对象多半有文化接触,而比较思想史则否。

比较研究原是欧洲知识传统中的一环。亚里士多德在

---

① 见萧高彦、黄俊杰等前揭文,以及水田洋,《思想の国・运位:比・思想史的研究》(名古屋:名古屋大学出版社,2000);Nakamura Hajime(中村元), *A Comparative History of Ideas* (1975) (Motilal Banarsidass, 1998)。

② 李铁强,《中法近代重农思想比较》,(北京:中国社会科学出版社,2009)。

研究克里特、斯巴达、腓尼基各城邦后，整理出三种主要政体类型，包括民主、寡头、君主，是比较政治学的滥觞。[①] 18世纪法国哲士孟德斯鸠延续此一比较传统，"考察"欧洲、近东、远东古今政体，在其名著《论法的精神》中重新定义政体类型。[②] 19世纪德国语言学家与宗教学者缪勒（Max Müller，1823—1900）甚至评论道，只知道一种宗教，等于对宗教无知。这些比较研究都同时注意几个主要文明与社会中的同与异，然后整理出几种概念式或理念形（ideal-typical）的类型，并预设这些类型具有普世的解释力。

历史研究的传统使命是了解、体现研究对象如人物、社会、国家、时代的独特面貌或特质。在同一语言文化或国族中，历史特质就是朝代或时代的特质。比较（思想）史则相信，透过两种（或多种）不同文化的比较，可以衬托它们各自的特色。[③] 韦伯的经济与宗教研究是学术史上

[①] Aristotle, *Politics* (1279a - 1288b).
[②] 孟德斯鸠认为三种主要政体分别为共和、君主、专制。孟德斯鸠的分类显然带有强烈的现实批判的目的，批评当时波旁王室对地方议会权限的不尊重，而不是为了（政治）"科学"的原则。Montesquieu, translated and edited by Anne M. Coller et. al., *The Spirit of the Laws* (Cambridge: Cambridge University Press, 1989), pp. 10 ff.
[③] 有些学者喜欢从比较中找出两种文化，例如中、英或中、西文化的共相。当然，有些文化比较的兴味来自于一种似曾相识的惊喜。例如钱锺书在《管锥编》（1979）中提出许多中西谚语、学者作家的意见所隐含的道理与世界态度的相似性，就是发现东海圣人与西海圣人相似的惊喜与乐趣。但是，如果我们进一步挖掘下去，合理定位这些谚语所出现的历史背景、语言脉络、价值系统，我们可能会发现，所谓共相只是表面或表象意义上的同，其历史肌理、言论的底蕴常常相异不啻千里。钱锺书，《管锥编》（3卷，北京：中华书局，1979）。

十一 从跨境思想史到比较思想史

相当著名的比较研究案例。他认为,西方资本主义与1517年宗教改革之后的新教文化都发生在欧洲,这中间一定有某种关系。卡尔文教义中的"前定论"(Prädestination, predestination,或译为"预选说"),路德所阐述的"志业"(Beruf, vocation或译为calling),都影响了新教徒的工作伦理、工作态度。根据预选说,一个人得救与否,完全取决于上帝的恩宠,与个人的才德以及努力无关。此一教义使得教徒有种极深的救赎焦虑。为了减缓深刻的焦虑,信徒们反而在生活中实践勤奋工作与节制欲望的信条。韦伯称这个伦理实践为理性化。志业的意思是说应该将职业当作上帝在此世的召唤来荣耀他。总之,资本主义或其中的资本累积只是这套宗教或精神文化的外显与制度。韦伯用浅显的话说,所谓资本主义其实是一方面应该越赚越多钱,另一方面又确认赚钱与此世的(即时)享受无关的经济行为与伦理思想的套合。[1]

韦伯后来比较了回教、印度教、佛教、儒家学说来彰显资本主义精神的独特文化意义。韦伯的比较方法其实是将基督教之外的宗教文明当成基督教世界的他者(the Other),研究它们的目的更多是为了烘托基督教的特质,可以更"同情地理解"基督教的内在价值,而不是为理解、体会(verstehen)其他宗教;简言之,其他宗教与社会在

---

[1] Max Weber, *The protestant Ethic and the Spirit of Capitalism*, trans. by Talcott Parsons (New York: Charles Scirbers' Sons, 1958), p. 51. 对韦伯而言。尽管后来其他国家可以模仿资本主义经济模式,但未必能深刻体认其伦理性意义。

韦伯的理论中只是配角。① 尽管如此，从欧洲历史研究的立场来看，韦伯的比较研究不只更多面地凸显近代基督教文明的特色，也激起比较宗教与比较社会的研究兴趣。

受到韦伯及其胞弟阿尔弗雷德·韦伯（Alfred Weber, 1868—1958）影响的德国文化哲学家雅斯贝尔斯提出轴枢时代的概念，认为公元前8世纪至前3世纪，在波斯、印度、中国、地中海东岸（古伊朗）与北岸（希腊罗马）都经历了深刻的宗教与哲学蜕变，这些各自发展的思想如索罗亚斯德主义、印度形上学思想与逻辑学、中国诸子百家学说、希伯来先知智慧、希腊哲学等共同形塑了人类社会此后两千年的文化面貌。在今天的学风下，雅斯贝尔斯的论述或许会被认为是全球比较（思想）史，但它更深刻的意义应该是在经历欧洲帝国主义与残暴而惨烈的两次世界大战后，试图以世界主义重新理解人类共同的命运与遗产的努力。这些古代思想与文化是众所周知的事实，但雅斯贝尔斯的比较为这些在欧洲中心主义里评价参差不齐的人类遗产提供了一个（暂时性的平等）平台。②

---

① Bryan S. Turner, "Orientalism, Islam and Capitalism," *Social Compass*, 25: 3-4 (1978), pp. 371-394. 此处所谓同情的理解是指韦伯的研究目的在于回应马克思对资本主义的批判。值得一提的是，强调对国史要有温情与敬意、要有同情之理解的钱穆其实也是用韦伯式的方法来谈论外国历史，目的只是要烘托中国历史的独特意义。其中有许多精彩洞见，但就是缺乏对被比较对象的实证研究与同情理解。钱穆，《导论》，《国史大纲》（北京：商务印书馆，1945）。
② 对轴枢时代概念的背景、起源有兴趣的读者可以参考有用的介绍性论文：John D. Boy & John Torpey, "Inventing the Axial Age: On the Origins and Uses of an Historical Concept," *Theory and Society*, 42:3 (May 2013):241-259。此文也讨论了此后学界对于此一概念的批评，例如回教文（转下页）

自此，比较历史学大概可以分为寻求韦伯式的独特历史意义，与寻求雅斯贝尔斯式的普遍的文明意义两种类型。但严格说来，韦伯与雅斯贝尔斯的学术都与现代社会学的兴起比较密切。相较于社会学界，历史学界对于比较历史学投注的关注明显欠缺。当代学者沙伊德尔（Walter Scheidel，1966年生）就说，在史学领域，比较的分析研究很少，而有关比较研究的方法论更少。沙伊德尔所言应该是欧美学界的实情。① 近几十年来欧美重要的比较历史研究泰半出自社会学者之手。② 《社会与历史比较研究》(*Comparative Studies in Society and History*)或许是唯一一份以"比较历史"为名的学报。该报核心编辑群是密歇根大学人类学系的学者，而且"历史"是在"社会"之后。③ 这些社会学著作多半注重不同社会之间的共同课题与类似结构。个人因素与思想在他们的"历史"解释中处于边缘地位。21世纪初在中、西史学界都颇有影响力的《大分流》(*The Great Divergence: China, Europe, and the*

（接上页）明与日本古代文化的地位问题等等。美国艺术与科学学院出版的 *Daedalus* 学报在1970年出版过讨论轴枢时代的论文集。据说这是研究中国思想史的史华慈（1916—1999）提议规划的论文集。

① Walter Scheidel, "Comparing Comparisons," in G. E. R. Lloyd and Jingyi Jenny Zhao (eds.), *Ancient Greece and China Compare* (Cambridge: Cambridge University Press, 2019), p.30.
② 例如1960年代以华勒斯坦（Immanuel Wallerstein，1930—2019）为代表的"世界体系"理论。这个现象其实不难理解，因为20世纪学术史中具有世界史意义的比较历史或多或少与资本主义研究有关，尤其是马克思与韦伯的传统影响很深。
③ 政治学者 Theda Skocpol（1947年生）的著作 *State and Social Revolution: A Comparative Analysis of France, Russia and China* (Cambridge: Cambridge University Press, 1979)最早就是以论文形式发表在这份学报上。

Making of the Modern World Economy，2000）也是倾向以地理环境与结构来解释中英两国在物质文明发展上的差异。换句话说，个人与人为因素、思想与价值都不在这类比较历史中占据任何明显位置。①

历史，尤其是思想史专业研究者极少涉及比较，尤其是跨文化比较，原因不难想象。史学倾向于在材料的搜集与阅读上力求全面，在解释观点上尽量通融。在今日学术高度专业化的时代，想要像汉代"通一经可以为博士"那样"通一史"已经非常难得，绝大多数史学从业人员可能会认为，与其笼统地拿两种历史做比较，不如好好将一种历史处理得精细，解释得圆满。换句话说，如果要从事比较思想史研究，一定需要逆着此一普遍心理而行，不认为实证意义上的精细与单一脉络上的圆满是史学实践唯一的方法。

更进一步说，许多以个别知识分子或思想家为核心的研究，虽然看似不从事比较研究，其实其真正的研究或学术价值，必然是在比较的视野中呈现的。研究卢梭，非常需要将他与其他契约论者如霍布斯、洛克做比较，需要与主流百科全书派的物质主义者如狄德罗做比较。若讨论卢梭的音乐理论，则需要与拉莫（Jean Philippe Rameau, 1683—1764）的音乐理论做比较，讨论卢梭对语言发展的看法，很可能会与孟博多（Lord Monboddo, James Burnett,

---

① Kenneth Pomeranz, *The Great Divergence: China, Europe, and the Making of the Modern World Economy* (Princeton: Princeton University Press, 2000).

1714—1799）的语言学做比较。总之，历史研究的重要使命之一，就是说明研究对象的独特性、贡献、影响与时代意义，如果没有与当时其他作家或重要观念做比较分析，上述这些目标都不太可能企及。说得更极端一些，一位有高度意识的史学工作者在选择研究主题时，早已经做了许多比较思想史的工作，最终才决定选择读者所看到的研究主题；研究者所做的每一句重要的历史论断，其实也是在比较的过程中得出的看法。

近来欧美学界讨论"比较思想史"时多半将它与全球思想史概念联系在一起。例如莫恩在谈全球思想史时，就认为劳埃德（Georg R. E. Lloyd，1933 年生）的希腊与中国古代科学史比较研究是全球思想史的代表之一。① 劳埃德或许是最有意识地从事比较思想史的欧美学者。他早年专研古代希腊科学与科学哲学，在 1990 年代，将研究触角转到中国古代科学，并发表一系列的希、中古代科学比较思想研究。他认为，从两种（差异极大的）文化对科学的认知中，可以更清楚什么是科学。② 劳埃德的意见与心得

---

① Samuel Moyn, *Global Intellectual History* (New York: Columbia University Press, 2013), p. 8. 亦可参见 Dag Herbjørnsrud, "Beyond Decolonizing: Global Intellectual History and Reconstruction of a Comparative Method," *Global Intellectual History*, 6:5(2021), pp. 614–640。
② Geoffrey E. R. Lloyd, *Analogical Investigations: Historical and Cross-Cultural Perspectives on Human Reasoning* (Cambridge: Cambridge University Press, 2015). Geoffrey E. R. Lloyd, *Ancient Worlds, Modern Reflections: Philosophical Perspectives on Greek and Chinese Science and Culture* (Oxford: Clarendon Press, 2004). Geoffrey Lloyd and Nathan Sivin (eds.), *The Way and the Word: Science and Medicine in Early China and Greece* (New Haven: Yale University Press, 2002).

与前述缪勒说只知道一种宗教等于对宗教无知的道理是相通的——透过跨文化比较，学者能从两种或更多种不同的思维与文化操作体系来理解科学或宗教，甚至进而了解不同社会各自的独特之处。①

跨境思想史研究处理观念的"接触"与"异地延续"，比较思想史则是史家以第三者的角度，将两种或多种未曾相逢、接触的文化与思想并列分析，论其异同与各自的意义。换言之，比较思想史研究常常是对于一元化、全球化现象的反省，甚至阻抗。在东亚知识圈里，比较思想史研究较诸欧美更有自觉，更为活泼，部分原因正是从19世纪晚期开始，中、日都经历了深刻的西化历程，面对欧美强势文化的洗礼，固有文化该如何自处，成为知识分子无可回避的问题。东亚学者咀嚼、磨合新旧观念的经验，使得他们对于"比较"作为一种方法，更加敏锐。② 这些东亚

---

① 他们的意见与德国哲学家伽达默尔说的视域的融合（fusion of horizons, Horizontverschmelzung）是同一个意思——人理解世界一定受到自身文化背景、性别、宗教等因素影响，是为"视域"（horizon）。倾听另一种视域，才能让我们对于世界有更好的理解。伽达默尔说："认知与了解一定是在他们［史家］身上同时存在的两种视域的融合。"伽达默尔此处所谓两种视域是指过去与现在。我们也可以说试图了解彼此的西方人或东亚人都会经历视域的融合。Joel C, Weinsheimer, *Gadamer's Hermeneutics: A Reading of Truth and Method* (New Haven: Yale University Press, 1985), p. 183.

② 欧美学者在讨论文艺复兴人文主义思想从地中海北传，讨论怀疑主义从荷兰、法国向外传布，讨论牛顿世界观向欧陆传递等等历史过程时，泰半不会用"比较"历史来描述自己的研究。原因之一或许是欧美国家自认为同是希腊罗马文化的继承者，在此一大文明传统中的观念传布与继受，都不牵涉（文化/系统）比较的问题。这个无比较意义的传递或许与其"欧洲意识"形成有关。Anthony Pagden (ed.), *Idea of Europe* (Cambridge: Cambridge University Press, 2002).

知识分子在接受、批判、调和自身传统文化与欧美文化时，固然有各自的立场，但他们无疑共同滋养了比较思想史的园地。例如日本思想家丸山真男（1914—1996）借用许多西方政治哲学的概念如"决断者"来诠释日本政治思想，将日本古学者荻生徂徕（1666—1728）比拟为日本的霍布斯，认为他提出"圣人决断"的概念是日本政治现代性的初露；总之，丸山透过许多欧洲思想史与日本思想史之间的类比，来检视日本现代政治的缺失。①

余英时在许多地方提到他在中学最后一年透过胡适的评论而接触到梁漱溟于1921年出版的《中西文化及其哲学》，是一场人生价值观崭新而关键的启示——从此他一生的史学思考与写作都离不开"寻找中西文化不同的根源所在"这个母题。②梁漱溟的《中西文化及其哲学》在当时是本影响深远的大书，书中用判教的方法，评骘中国（儒家）、印度、欧洲哲学思想的优劣。本书的出版适逢第一

---

① 蓝弘岳，《儒学与日本现代性——丸山真男与日本现代性》，《文化研究》25（2017），页43—80。渡边浩反对丸山真男以黑格尔的观点为前提，讨论东亚政治思想。渡边的日本政治思想史努力以当时日本人所使用的语言、以日本人对于自身社会的观察与描述来重建政治思想，代表了日本政治思想的历史主义。渡边浩，《日本政治思想史：十七～十九世纪》（东京：东京大学出版会，2010）。但另一方面，渡边浩深信丸山真男的教诲，历史与观念都必须在多语言与多文化比较的框架下，才能得到更精准的掌握。渡边浩著，区建英译，《前言》，《东亚的王权与思想》（上海：上海古籍出版社，2016），页1—6。渡边教授的"东亚思想史"强调汉字文化圈的相关条件，以及各政治社会表述观念的细微差异，蕴含着东亚思想世界内部的辩证性关系。其"东亚"，隐约是"欧洲思想史"的镜像。
② 余英时，《代序》，《论天人之际：中国古代思想起源试探》（台北：联经出版事业公司，2014），页3。

次世界大战结束,欧洲伤亡惨重,经济凋疲,以至于有许多思想家认为东方文明或许是人类下一步应该选择的道路。许多西方知识分子例如罗素,纷纷来到中国访问,泰戈尔(Robīndronāth Ṭhākur,1861—1941)、辜鸿铭等人所代表的东方智慧在欧洲受到高度赞誉。"中西比较"预设了平等视之的观点,各自的文化主体与历史发展各有其特色。这也是余英时认为梁漱溟的著作可以帮他拨开当时笼罩着史学界的"历史演进一元论"的阴霾的原因。①

余英时后来在解释中国古代文明的特色时,引用雅斯贝尔斯轴枢时代/哲学突破的框架,目的是要用涵盖性的比较平台,让不同历史发展的特质显露出来。他自述道:"与其他文明做大体上的比较时有助于阐明中国'哲学突破'的性质。无论是同中见异或异中见同,都可以加深我们对中国思想起源及其特色的认识。希腊、希伯来、印度都曾有'突破'的现象,一方面表示古代高级文明同经历过一个精神觉醒的阶段,另一方面则显出中国走的是一条独特的道路。"② 余英时所认为的中国在哲学突破的关键时期所展现的思想独特之处包括了强调"德""礼""仁"的连续

---

① 余英时,《代序》,《论天人之际:中国古代思想起源试探》,页3。余先生在别处论道:"相形之下,从比较史(comparative history)的角度研究多元文明(或文化)的人则往往能对不同文明抱持着同样尊重的态度。"余英时,《代序》,《论天人之际:中国古代思想起源试探》,页8。
② 余英时,《我与中国思想史研究》,《思想》,8期(2008/03/01),页1—18、8。亦见于余英时,《中国思想史研究综述——中国思想史上四次突破》,收入《中国文化史通释》,页1—21。

关系，强调"内向超越"以及强调"天人合一"等等。①轴心时代作为一种理论架构对于余英时之所以重要，部分原因在于它承认古代几大文明都同时具有世界史意义的思想创造。② 余英时一生的思想史研究几乎都集中在讨论"中国思想变迁"，一方面固然是要反驳欧洲17世纪以来的"中国停滞论"观点，另一方面则是希望说明中国思想的变，是与欧洲历史不同路径的变，是在传统中的变异。

狄百瑞（Wm. Theodore de Bary，1919—2017）及其学生钱新祖同样是注重比较思想史的学者。狄百瑞有《中国的自由传统》一书，认为中国传统思想尤其是儒家思想中也有个人主义（individualism）与自由（liberality）这些概念与价值，它们并非西方所独有。③ 狄百瑞认为宋明以来的新儒学强调为学"自得"、"为己"之学、"修身"、"自任"于道、"敬"、"自谦"等等观念都说明新儒学强调个人责任的努力。狄百瑞总结道，中国宋明儒学对于自我或个体的注重，与莫瑞（Gilbert Murray，1866—1957）对于自由主义的观察并无明显不同："有闲的优势

---

① 余英时，《论天人之际：中国古代思想起源试探》。早在1980年代初，余英时就已经注意到轴心时代的课题。经过几十年的反复思考，余先生在不同时期分别以"哲学突破""轴心时代""轴心突破"等可以相互置换的名词来理解中国古代思想史的"大事因缘"。见余英时，《中国知识阶层史论》（台北：联经出版事业公司，1980），页30及以下。
② 前面提到波考克认为世界思想史的研究契机在于发现思想史上的轴枢时代。波考克虽然没有明讲，但他心中显然有雅斯贝尔斯的影子。
③ Wm. Theodore de Bary, *The Liberal Tradition in China* (Hong Kong: The Chinese University Press, 1983). 中文译本参见李弘祺译，《中国的自由传统》（台北：联经出版事业公司，1983）。

(privileged)阶级努力将自身的优势扩展至外圈人士,致力于思想与讨论的自由,同时追求个人良心的自由体现(free exercise)与共善的提升。"① 狄百瑞认为,中国自由传统在黄宗羲的思想,尤其是他著名的《明夷待访录》中得到更高度的发展,原因是黄氏提出了法制与教育的重要,尽管他的自由思想与自由态度并未宣称包容一切。②

钱新祖的比较思想史思路是狄百瑞比较思想史的精致化。狄百瑞的论辩对象很可能是费正清(John Fairbank, 1907—1991)的中国传统论——中国需要西方的现代挑战来获得重建或重生。③ 狄百瑞认为,中国传统本身便具有足以开展现代生活的思想资源——尽管那改良主义的自由倾向并非自由民主主义。钱新祖评论道,西方人认为中国社会缺乏现代性因子的观点与黑格尔(中国没有革命,没有历史)、韦伯(只有西方才有资本主义所代表的伦理价值)密切相关。钱新祖认为,黑格尔、韦伯等人持这种"缺乏论"是因为他们对中国历史文化缺乏真正的了解。他以非常哲学化的方式指出,中国与西方都有各自的人文主义与个人主义。他称中国(式)人文主义为"内在人文主义"(intrinsic humanism),西方人文主义为"外在人文主义"(extrinsic humanism),中国个人主义为"关系性的个人主义"(relational individualism),而在西方则为"原子

---

① Wm. Theodore de Bary, *The Liberal Tradition in China*, p. 65. 亦见狄百瑞著,李弘祺译,《中国的自由传统》,页74—75。
② Wm. Theodore de Bary, *The Liberal Tradition in China*, pp. 84 - 85.
③ Wm. Theodore de Bary, *The Liberal Tradition in China*, pp. 89 - 90.

性的个人主义"(atomistic individualism)。① 钱新祖认为,中西思维模式的最大差异在于西方有超越的神与被创造的人,所以西方人文主义要能抬头,就必须将神中立化(neutralize),而既然每个人都是神所造,他们彼此之间欠缺中国思维模式下的"有机关系",因此呈现的是原子式的关系。在钱新祖的观念里,人文主义是指抬高人的尊严,个人主义指肯定个人的价值,这些倾向在中国传统思想中存在已久,只是"形态"与西方不同。②

许多思想史家都很精细而谨慎地提醒读者,历史学者不应该不经反省地以西方史观研究中国或亚洲历史。例如钱新祖、渡边浩等人都对西方近代性、目的论式的历史解释抱持着高度的警醒与怀疑。③ 这意思其实也就等同于巴特菲尔德所说的,史家应该同时避免辉格史观与现在主义的态度,不将历史写成一部持续进步的故事,也不用后人的政治语言与价值去训解古人的思想。或许从最严格的历史主义态度来说,以"人文主义"或"个人主义"来分析、理解任何传统中国思想家、学派、时代都是时代错置的做法——如果我们不该从中国史中寻找现代性,不该追问为何中国没有科学革命、工业革命,那本也无须为中国没有

---

① 钱新祖,《中国思想史讲义》(台北:台大出版中心,2013),页43—44。
② 钱新祖,《中国思想史讲义》,页44。
③ 虽然师从丸山真男,渡边浩理解东亚或日本思想史的方式,其实是放弃、批评以西方现代性作为预设或前提。参见渡边浩著,区建英译,《东亚王权与思想》;钱新祖,《近代人谈近代化的时空性》《中国的传统思想与比较分析的"措辞"(rhetoric)》,《思想与文化论集》(台北:台大出版中心,2013),页3—16、71—90。

个人主义或人文主义而感到悻悻然。前述对希腊与古代中国科学与哲学思想比较素有研究的劳埃德也观察到,在古代中国社会里,责任的核心在家庭而不在个人。社会身份决定谁可以做什么,不能做什么。反观,在古希腊,法律地位才是核心,但不同的人的法律地位则不尽相同,例如女性低于男性家长。① 但是,中国传统思想中有关"我""己""自""身"的论述,是否真的都没有法律上的"个人"或个体意义?如果答案是确定的,那是否就表示传统思想与现代思想存在一大鸿沟,必须另创一架长梯来接渡?这些问题尽管重要,但显然远远超出笔者能力以及本书篇幅。此处我们深感兴趣的问题是,无论采取何种比较思想史的方法与策略,我们都无法回避比较,因为我们都同时吸收、经历了传统与现代两种文化制度与语境。我们甚至应该说,我们必然是在无尽的思想与概念的比较中,才渐渐厘清所谓传统或所谓现代的世界。

柯林武德说:"所有的历史都是思想史。"(All history is the history of thought.)这句话对于近几十年努力倡议所谓物质文化的历史学者而言,或许很难称得上是真理。但如果说所有的思想史都是比较思想史,应该很接近真实。分析与比较是人类获得知识的基本方法,殆无疑义。比较的目的,就是甄别出物与物之间、观念与观念之间的差异。既然历史研究的目标在于解释重大历史事件的特殊原因,

---

① G. E. R. Lloyd, *Ancient Worlds, Modern Reflections: Philosophical Perspectives on Greek and Chinese Science and Culture*, pp. 156 - 157.

描绘不同人物、社会、国家、时代的独特风貌,比较与分析必然是时刻运用的方法。先秦诸子百家当然有其相同的社会背景,思想史研究虽然也揭示他们之间的共同关怀,但更重要的工作恐怕是在于揭露他(它)们之间重大且关键的差异。儒学史上著名的荀子与孟子的人性论差异、"朱(熹)陆(九渊)异同"等等课题也是关注重要哲学思想的异同及其对后世的影响。中国思想史学者所关心的思想转型问题如先秦思想转型、魏晋新思潮、唐宋转型、明清转型、近代转型也都是透过前后时代的比较而得出的历史判断。[①]而这些所谓变化,并不是人人可以验证的事实,也未必是当时人的自觉或当时的历史意见,而是思想史研究者以第三者角度去理解、权衡、判断、建构出来的课题与结果。

比较思想史之所以对中国或东亚思想史学者有着难以言说的吸引力,更关键的原因可能是这些观念已在一百多年的历史搅动与文化融合中潜入我们日常的思想之海与学术语言网脉,已成为我们讲述、分析自身历史不可或缺的坐标——无论我们对它们采取何种评价与态度。[②] 即便是

[①] 陈弱水,《唐代文士与中国思想的转型》;王汎森,《中国近代思想史的转型时代》,收入王汎森(编),《中国近代思想史的转型时代》(台北:联经出版事业公司,2007)。

[②] 黄俊杰精确地指认,徐复观的思想史研究的两大特点是整体论与比较观点。见黄俊杰,《东亚儒学视域中的徐复观及其思想》(台北:台湾大学人文社会高等研究院,2018),页32以下。黄俊杰,《从中日比较思想史的视野论经典诠释的"脉络性转换"问题》,《台大历史学报》(2004)。黄进兴,《"圣贤"与"圣徒":儒教从祀制与基督教封圣制的比较》,《"中央研究院"历史语言研究所集刊》,71:3(2000),页509—561、727—729。

20世纪最著名的中国历史主义史学家,[①] "一生为故国招魂",学贯中国传统四部之学的钱穆,也经常在其著作(尤其是通俗演讲)中将中国历史与西洋历史做比较。即便撇开对中西文化做泛泛的比较,我们也很难不用现代的"正义""平等"概念理解我们的生活世界;我们也很清楚,当我们试图理解古代文献中的"仁义""义利之辨"时,它们与现代语境中的"正义"存在一定的相似以及关键的差异。但正是因为这种自觉,使得我们可以进入古代文献,辨识其特殊意蕴,正如熟悉古代思想中的"义",可以让我们更清楚今日所谓正义究竟所指为何。同理,无论我们是否同意狄百瑞的论断,认为传统中国有自由思想的倾向,我们依然可以透过"自得""自在""为己"等概念与"个人主义"概念之间的协商与相互阐发而受惠。

另一方面,虽然中文或日文学界对于"比较思想史"一点也不陌生,但"比较思想史"尚远远不足以被称为科目或次领域。它不像政治学中的"比较政府""比较宪法",或宗教学的"比较宗教学"等等[②],已是行诸有年、普遍被认可,甚至对其母科有独特贡献的学科或次领域。"比较思想史"还停留在"试验"的阶段,停留在方法论尝试的

[①] 胡昌智,《钱穆的〈国史大纲〉与德国历史主义》,《史学评论》6 (1983),页15—38。
[②] Louis Henry Jordan, *Comparative Religion: Its Genesis and Growth* (New York: Charles Scribner's Sons, 1905). Mircea Eliade, trans. by Rosemary Sheed, *Pattern of Comparative Religion* (New York: Sheed and Ward Inc., 1958).

阶段。我们可以用"焖"来形容目前比较思想史的状态——虽然有些学者实践此术，但迄今少有人公开提出此一次领域或此一独特方法的优点，好比火苗是存在了，但尚未见到火焰。比较思想史之所以未成气候，或许与历史学本身的特质有关。无论我们如何抱怨国族主义的历史，如何倡议要开阔视野、超越国族、拥抱世界，从 14 世纪以来，欧洲历史的发展，确确实实就是以国家为主要单位，尤其是国族语言的逐渐兴起与完备，使得有关风俗、习惯、思维、制度、文学的史料与纪录都受到国族-语言的重大影响。虽然如此，当国际思想史、跨境思想史在扩大思想史研究空间的同时，比较思想史无疑提供了研究者多角度观点。

十二

结 语

有论者以为，思想史在当代欧美学界有衰微的趋势。①此一说法或许有几分道理。1980年代北美新文化史与"物质转向"的史学发展的确让观念史研究看起来不若过往那般兴盛。不过我们之所以会有欧美思想史研究没落的印象，主要是从历史系教师的学术专业与兴趣观察而得。但就在旧的门关上的时候，新的门开启了——目前思想史研究者的跨学科背景以及思想史研究社群的多元背景其实是史无前例的现象。

思想史原本就有明显的跨学科特性，研究者需要对史学有一定的认识与浸淫，也需要对文本文字有一定敏感度，并有掌握和分析观念的能力，所以思想史研究本身就有跨文、史、哲学科的特性；如果研究主题牵涉科学、医学等等学科，所需要的知识面就更广。不过现今英语世界思想史的跨学科特性不只表现在这门知识的性质上，还表

---

① "很多人都注意到，近来中国学术界有一个特殊现象，即在西方学界思想史研究领域普遍渐渐衰落时，在中国，思想史研究却仍是热门，这不能不说是一个既反常又合道的事情。"葛兆光，《什么才是"中国的"思想史?》，《文史哲》，3（2011），页74—77。

现在共同研究者的学科背景与职业单位——思想史研究社群是由许多不同学科背景的人员组成。此一现象说明了为何虽然思想史表面上看不属于史学领域的"主流",但思想史期刊以及研究能量却相当可观。在经历过1960年代英国社会史与劳工史的辉煌岁月、八九十年代北美新文化史引领风骚之后,自2000年开始,英语世界的思想史学报屡见新创。除了老牌的《观念史学报》以及《欧洲观念史》(*History of European Ideas*),21世纪之后出现的思想史学报至少有《现代思想史》(*Modern Intellectual History*,2004年创刊)、《思想史评论》(*Intellectual History Review*,2007年创刊,原本称为 *Intellectual News*)、《全球思想史》(*Global Intellectual History*,2016年创刊)、《南亚思想史学报》(*Journal of South Asian Intellectual History*,2018年创刊)等等。文章的作者来源至少包括了历史系、哲学系、政治系、社会系的师生。与其说此一现象是观念史或思想史的复苏,[①] 不如说是经过几波的方法论辩论之后,学界对于思想史的核心关怀、写作规范已经有了初步的共识——同时注重分析文本与扩大诠释脉络,注意思想家所要强调的话语重点,同时关注时代的特殊性。这使得不同科系背景的作者可以在一定程度

---

① Darrin M. McMahon, "The Return of the History of Ideas?", in Samuel Moyn and Darrin McMahon (eds.), *Rethinking European Intellectual History*, pp. 13–31. Rosario Lopez, "The Quest for the Global: Remapping Intellectual History," *History of European Ideas*, 42:1(2106), pp. 155–160.

上沟通,成为广义社群的一分子。①

值得一提的是,在本书撰写期间,几所英语世界重要教育机构都宣称有为数可观的思想史师资(Intellectual History Faculty)。例如芝加哥大学列举了20名从事思想史研究与教学的教授②,哈佛大学列举了16位思想史教员③,牛津大学也新成立了"思想史研究中心",并宣称有45位思想史教员与12位研究员,④而剑桥大学竟然有48名各级讲师教授思想史与政治思想⑤!当然,单是数字并无法真正表示思想史研究的活泼样态。仔细看这些被归类为思想史研究与教学的学者,其专业原本可能被归类在科学史、医疗史、文化史等领域。这现象既说明了人们逐渐从更宽泛的角度理解思想史,也说明了史学中各个次领域都已开始更严肃地讨论观念、价值、意识形态的问题。

几十年来英语世界思想史的发展对于中国思想史研究有何启示?这是个不易回答,却必然会持续存在于每位思想史工作者心中的问题。在此我们只能提出中国思想史的一大特色来作为思考的起点。相较于欧美思想史研究,中

---

① 与综合性思想史学报相比,专业哲学史家的同侪学报如 *Kant-Studien*, *Hegel-Studien*, *Hume Studies*, *Adam Smith Review*, *Journal of the History of Economic Thought*, *History of Political Thought*, *Journal of Political Thought* 等等的投稿人背景显得单一,所以作者所要对话的对象也比较固定,有高度选择性。
② https://history.uchicago.edu/taxonomy/term/39
③ https://history.fas.harvard.edu/theme/intellectual-history
④ https://intellectualhistory.web.ox.ac.uk/
⑤ https://www.hist.cam.ac.uk/theme/political-thought-and-intellectual-history

国思想史研究比较偏重学术、道德、美学等课题,而不特别着重于政治思想。① 反观欧美思想史研究或可说是以政治思想为基石,旁及经济、国际关系、道德等课题的观念分析。钱穆在1952年出版了《中国思想史》,以时代为经、人物为纬,介绍中国两千年思想梗概。体例仿效胡适的《中国哲学史》(1919)截断众流的做法,从春秋时期讲起,大抵以儒、老、法家为主,捡择几位代表人物出场介绍。秦汉时代讲《中庸》《大学》《礼记·礼运》,人物讲邹衍、董仲舒。魏晋则选了王弼、郭象为代表。唐代讲慧能与禅宗。宋代讲理学,明代讲心学,明末讲对心学的反省。清朝之后只列戴震、章学诚、孙中山三人。就像多数教科书式的作品,这是述而不作的介绍性文章,扼要讲出思想人物的关怀重点,引用几句原文,加以疏解。其中所述,主要涵盖知识论、人性论、宗教观,但几乎不包括政治思想。这其实也是尔后多数中国思想史研究的特色,关注于人性论、宇宙论、理学、心学,却少触及政治价值与观念。中西思想史研究重点之所以有如此明显差异,当然各自学术传统是其主因。诚如前述,从梁启超开始,中国思想史就与学术史高度重叠。此后胡适与冯友兰引领"思想界"的《中国哲学史》横空出世,也都是以学术发展与哲学观念为主要分析对象。梁启超、胡适、冯友兰等人努力整理传统

---

① 陈弱水在十年前的一篇文章中已经精准认识到这个现象与问题:"中国思想以现世关怀著称,……'治'的问题在中国思想史研究中隐晦不彰,是相当讽刺的。"见陈弱水,《导言》,收于陈弱水编,《中国史新论·思想史分册》(台北:联经出版事业公司,2012),页8。

学术与哲学史的同时，中国也正处在大步走向西方政治价值如共和、主权国家、自由、平等、人民主权、人民民主的时代，传统政治（思想）史因此乏人问津。或许可以这样说，在多数知识分子还来不及思考如何从传统政治思想资源来因应革命化的、激进的政治变革之前，19世纪中叶张之洞提倡的"中体西用"学说，至此已经几近疲软。①

从知识社会学的角度来说，欧美政治思想史研究之所以生气勃勃，主因当然是从17世纪欧洲开始所迸发的政治语言、观念、价值与今日人类的生活价值之间仍有清晰的延续关系。反之，如何研究仁政、圣人、三代、民、君子、大夫、郡县封建之争等等传统政治语言，既可以不让读者感觉是在介绍与当代（后工业、后民主、后殖民社会）无涉的枯槁观念，又没有以当代观念强解古人思想的重大瑕疵，是项艰巨的挑战。② 不过，中国思想史学者恐怕无法回避此项挑战，因为没有政治史为主干，国族史就不可能；而没有政治思想史，国族史就失去了血肉。二战期间萧公权在四川完成《中国政治思想史》（1947年初版）。氏著显然是以作为教科书为目标，他对各家各派思想精粹与精髓的掌握，以及对各派思想的统合、概念化，

---

① 这也是严复之所以能写出《辟韩论》（1895），批评中体西用观念的背景。当然，1912年之后的政治史与政治思想研究就颇为可观，但无法在此详述。
② 王汎森以"权力的毛细管作用"为譬喻，结合文化史研究，对皇权、郡县制度、士人团体三者关系进行研究，不失为一种参考。见王汎森，《权力的毛细管作用：清代的思想、学术与心态》（台北：联经出版事业公司，2013）。

均相当到位。时至今日，此书依然可以作为政治思想史研究者的必要参考书。但此一事实反而也说明了半个多世纪以来中国古代政治思想史研究蹙窘的景况。

近年中国政治思想史有许多重要的研究成果，① 所谓"蹙窘"是相对于成果更为丰硕、名家更多的"学术思想史""哲学史"领域而言。2003 年出版的余英时《朱熹的历史世界：宋代士大夫政治文化的研究》，其特色就是从政治史，尤其是在皇权互动的背景下讨论朱熹的思想，从朱熹的行动考察其（政治）思想的社会意义与政治意义。此书在中文学界引起许多讨论，主要原因恐怕是长期以来朱熹在中国哲学或学术思想中处于中心地位但少有学者从政治史角度理解他的历史地位。② 有些评论者认为余氏对朱熹思想的讨论不足，有些赞誉它能从政治史中阐述思想的历史意义。思想史包括"思想"与"历史"，理想上，这两者要达到一种平衡。如果思想描述很浓，政治史、社会史、文化史的交代很少，就会像是哲学史的作品，或甚至退化成只是以现代人的语言重述古人作品或言论。如果

---

① 例如史卫民，《元代政治思想史》（北京：中国社会科学出版社，2021）。以研究"王权主义"著称的刘泽华主编的《中国政治思想通史》（北京：中国人民大学出版社，2014）是中国政治思想史领域的重要著作，其持续的影响力应该可以预期。此外，天津大学主办的《政治思想史》学报辟有"中国政治思想"栏位，持续发表并累积研究成果。
② 余英时，《朱熹的历史世界：宋代士大夫政治文化的研究》（台北：允晨文化，2003）。对此书写过书评的学者至少包括陈来、刘述先、钟彩钧、吴震、葛兆光、杨儒宾、黄进兴、田浩（Hoyt Tillman）、包弼德（Peter Bol）、王汎森等。严格说来，其中只有包弼德与余英时的高足田浩先生是宋史专家。在陈寅恪眼中，宋代是"民族文化瑰宝"，但今日对其政治思想史素有专研、能与《朱熹的历史世界》对话商榷的著作似乎依然少见。

思想描述很淡，历史过程叙述得多，就会成为古代文人知识分子的行谊、著述出版编年交代。这会比较像是社会史、文化史的写作类型。余英时在本书中一再强调文化史、政治文化的概念，显然是有意为之，因为本书并未对朱熹的重要哲学概念进行分析。本书的特色毋宁是说明以皇帝为中心的宋代朝廷政治，然后将朱熹放在此一政治文化的背景下分析其行止。余英时仔细分析皇帝（孝宗、光宗）的言论、态度、心理状况，谱画宋代士大夫如朱熹的生存实情、政治现实，是史学界少有的妙笔。换言之，在很大程度上，"朱熹的历史世界"，其实也是程颐、程颢、王安石、陆九渊、叶适等等士大夫的历史世界。余英时重构了上述这些重要历史人物的上层政治情境，在这样特定的情境中，朱熹等人如何想象政治，显然是极为要紧的追问。甚至，更基本的问题是，我们今日所谓"政治"，是否存在于古人的思想里？如果古代政治权力来自皇帝，那么朱熹与理学家、道学家们如何设想政治？

晚近拜全球（思想）史之赐，学者开始思考是否可以从观念的操作型定义，也就是不胶着于国族语境的脉络，比较世界不同的政治体或政治社会，如何构想、使用关键的政治观念。例如"主权"（sovereignty）观念经常会被正典化成17世纪《威斯特伐利亚和约》（*Westphalia Treaty*）所形塑的国家与国家之间契约协定与权力平衡。但在此之前，世界史中早已存在类似主权的观念，也就是政治权威如何去对待疆界、外族等等的一系列作为与其背后之理据。① 换言之，在此研究方法下，主权不一定要与现代国家（state）有必要且充分的联结；主权毋宁成为理解不同政治社会的一种特殊视角，可以据此观察包括部落社会与草原"帝国"在内的政治运作与政治文化。此种比较研究固然可以发展接近波考克心中所设想的世界史，但还是有解消语言脉络的风险。用葛兆光的话说，传统中国是以"皇权-天下"来解释政治上的"内外、华夷与尊卑"，然则天下与"我们"现在所知晓的主权，是否可以相互替代，其历史解释是否有关键性的差异？由何种语言与观念所编织出来的中国史会更接近"真实"，更有道理，更令人欣赏信服？无论答案为何，历史主义式的思想史研究，世界中的比较思想史研究，可能都是未来中国政治史研究者可以关心并发挥所长的课题。

当然，思想史远不能为政治思想史所限囿。人类是语言的动物，易言之，人是观念的动物。历史的演化与发展没有必然的路径与终点，不会按着知识分子的理想前进，但也绝非漫无目的泛舟、无尽的意外的组合；历史不是人类潜意识或无意识的集体活动。20世纪英国最伟大的左派史学家之一希尔晚年致力于英格兰内战的思想原因之探索，他综合法国观念史家莫尔内的话道："如果法国旧体制的威胁只是来自于观念，那旧体制就

---

① Zvi Ben-Dor Benite et. al (eds.), *The Scaffolding of Sovereignty: Global and Aesthetic Perspectives on the History of a Concept* (New York: Columbia University Press, 2017).

不会有任何危机可言。人民的穷困、政治措施的不当，增加了观念的反抗力量。只是人们之所以行动，是因为观念。"[1] 对某些史家而言，希尔的话或许有些武断，但诚如前述对于北美独立运动与英格兰革命的研究回顾所见，我们深信重大的历史事件背后，一定与当时人们所谈论的观念、所拥抱的价值、所关心的信念有着密切的关联。此所以为思想史。

---

[1] Christopher Hill, *The Intellectual Origins of the English Revolution*, p. 3.

乐 道 文 库

"乐道文库"邀请汉语学界真正一线且有心得、有想法的优秀学人,为年轻人编一套真正有帮助的"什么是……"丛书。文库有共同的目标,但不是教科书,没有固定的撰写形式。作者会在题目范围里自由发挥,各言其志,成一家之言;也会本其多年治学的体会,以深入浅出的文字,告诉你一门学问的意义,所在学门的基本内容,得到分享的研究取向,以及当前的研究现状。这是一套开放的丛书,仍在就可能的题目邀约作者,已定书目如下,由生活·读书·新知三联书店陆续刊行。

王汎森　《历史是扩充心量之学》

马　敏	《什么是博览会史》	朱青生	《什么是艺术史》
王　笛	《什么是微观史》	**刘翠溶**	**《什么是环境史》**
王子今	《什么是秦汉史》	孙　江	《什么是社会史》
王邦维	《什么是东方学》	李仁渊	《什么是书籍史》
王明珂	《什么是反思性研究》	李有成	《什么是文学》
方维规	**《什么是概念史》**	李伯重	《什么是经济史》
邓小南	《什么是制度史》	李雪涛	《什么是汉学史》
邢义田	《什么是图像史》	**吴以义**	**《什么是科学史》**

沈卫荣	《什么是语文学》	姚大力	《什么是元史》
张隆溪	**《什么是世界文学》**	夏伯嘉	《什么是世界史》
陆　扬	《什么是政治史》	徐国琦	《什么是共有历史》
陈正国	**《什么是思想史》**	唐启华	《什么是外交史》
陈怀宇	《什么是动物史》	**唐晓峰**	**《什么是历史地理学》**
范　可	**《什么是人类学》**	黄东兰	《什么是东洋史》
罗　新	《什么是边缘人群史》	黄宽重	《什么是宋史》
郑振满	《什么是民间历史文献》	常建华	《什么是清史》
赵鼎新	**《什么是社会学》**	**章　清**	**《什么是学科知识史》**
荣新江	《什么是敦煌学》	梁其姿	《什么是疾病史》
侯旭东	**《什么是日常统治史》**	臧振华	《什么是考古学》

（2024 年 5 月更新，加粗者为已出版）